シリーズ【実像に迫る】002

大谷吉継

外岡慎一郎

tonooka sinnitirou

戎光祥出版

プロローグ——吉継の生きる姿、生きようとした姿を描く

慶長《けいちょう》五（一六〇〇）年七月初めのことである。大谷吉継は、病身の身ながら兵を率いて伏見《ふしみ》を発ち、一路奥州《おうしゅう》を目指していた。会津《あいづ》で反旗を翻した上杉景勝《うえすぎかげかつ》を討伐するため進軍した徳川家康《とくがわいえやす》を追っていたのである。ところが、その大谷吉継を石田三成《いしだみつなり》は佐和山城《さわやまじょう》に招き入れ、家康討伐の軍を挙げる決意であることを打ち明ける。

驚く吉継。そして言う。あまりに無謀な挙兵であり、おもいとどまるべきだと。しかし三成は譲らない。上杉の挙兵も策の内であり、今引けば景勝を見殺しにすることになると。吉継は重ねて言う。三成には人望がない。知恵は働くが胆力《たんりょく》に欠ける。味方すると約束している西国の諸大名も、どこまで三成を信頼しているのかわからない。家康は人望もあり、関東一円を支配する大身《たいしん》である。小身《しょうしん》の三成や吉継らの力が及ぶところではない。それでも挙兵するなら、家康に対抗できる毛利輝元《もうりてるもと》を大将とし、充分な戦略を練るべきだと。そして熟慮し、出来る限りの戦略を整えたうえで吉継は三成とともに起ち、敗れ、自刃《じじん》する。

大谷吉継。豊臣《とよとみ》家への忠義と、盟友《めいゆう》石田三成との絆を大義《たいぎ》に関ヶ原《せきがはら》合戦にのぞみ、戦場で命を散らした武将として、後世、「武士の本懐《ほんかい》」を遂げた名将とされ、揺るぎない評価を得てきた。関ヶ原合戦に取材した軍記《ぐんき》は多いが、吉継の言動を批判することばは一切みえない。読む者、聴く者の心に響く吉継のことばや行動が軍記にあふれ、行間にまで、熱い想いが流れている。いま要約したところは、そのごく一部にすぎない。

なぜそこまで褒められるのか。軍記の作者たちは、なぜ吉継を讃えるのか。ひとりの歴史研究者として疑問におもうことさえある。関ヶ原合戦で潔い死を遂げたことこそが「武士の本懐」とする視点、理解に立つ限り、吉継の死にゆく姿は描けても、戦国乱世を生き抜こうとした吉継の姿はみえてこないだろう、ともおもう。吉継の死について、「三成との友情を重んじ、負けるとわかっていた合戦にあえて臨み……」などという表現も定番化しているようにみうけられるが、おそらくこれは誤りである。吉継の潔い死に彼の美学を感じとることは自由であるが、吉継は死に場所を求めて関ヶ原に布陣したわけではない。

しかし、吉継の潔さ、忠義を讃え、その死を惜しむ視点に立って著されている軍記の叙述から解放されて、吉継像を構築することも困難である。戦いに敗れた側の史料はのこらない。しかも吉継の場合は、一代の英雄である。戦国乱世のなかで彗星《すいせい》のように現れ、消えていった武将のひとりである。譜代《ふだい》の武家としての系図や記録もなく、生き残った子孫があったとしても、かれらが吉継周辺に蓄えられていただろう文書・記録類を伝存することはなかった。戦国乱世のサバイバル・レースを生き抜き、江戸時代に大名・旗本《はたもと》に成り上がった武将たちのように、まことしやかな系図を創り、語る機会に恵まれることもなかったのである。

そこで本書は、さまざまな軍記類、伝記類の叙述と、一般に一次史料と称される古文書、古記録類の記事を絡み合わせながら、事実関係を確定し、斥けるべき言説は斥け、たとえ軍記類の叙述であっても、容れるべきものは容れるという判断をしながら、書き進めることにする。心がけるのは吉継の生きる姿、生きようとした姿を描くということである。

シリーズ【実像に迫る】002 大谷吉継

目次

吉継ゆかりの美術

▶吉継が常宮神社（福井県敦賀市）に寄進したとされる鬼瓦　福井県立歴史博物館蔵

◀吉継の書名部分（拡大）

▶吉継が家族とともに奉納した鶴亀文懸鏡　福岡県太宰府市・太宰府天満宮蔵

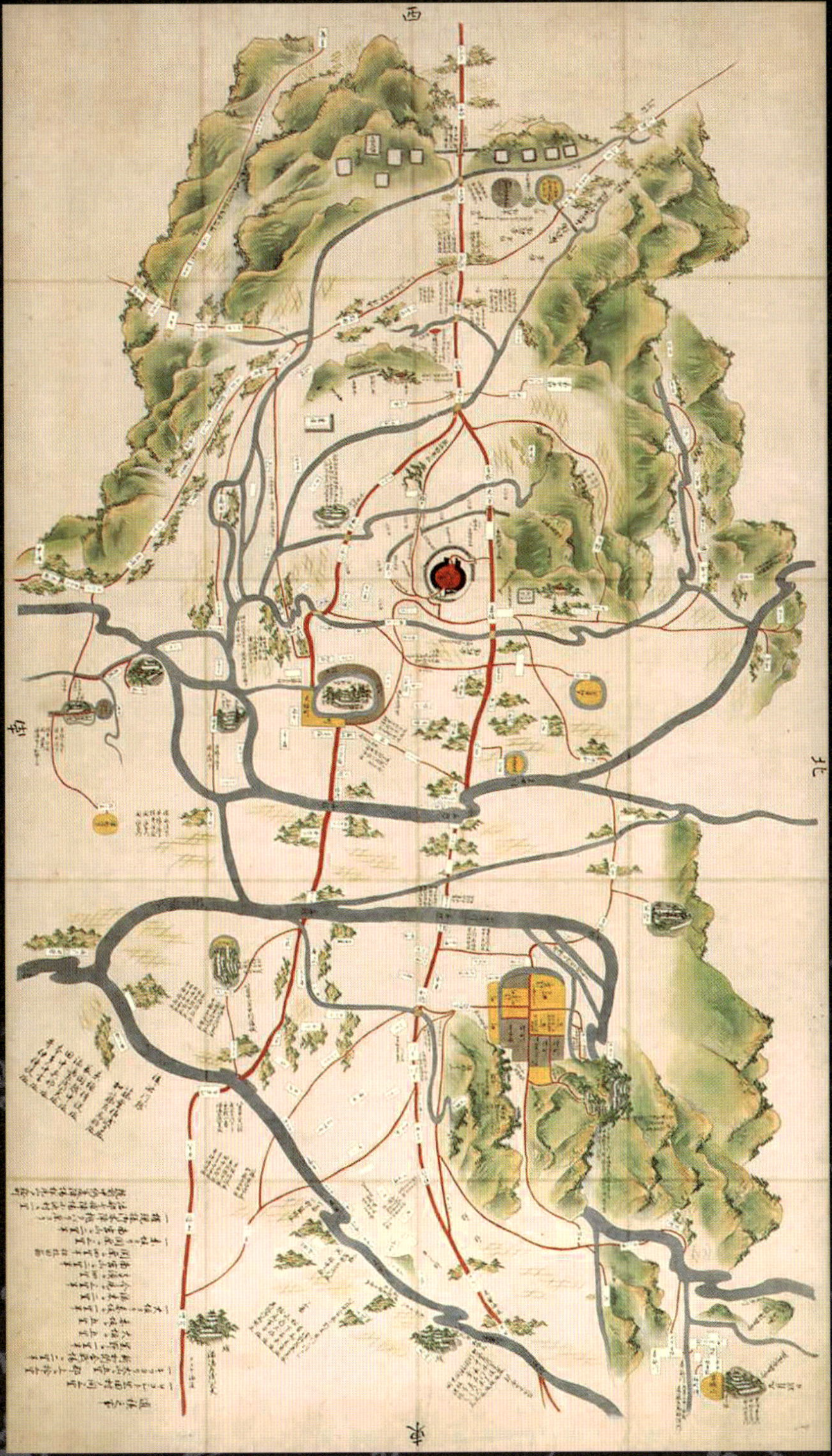

◀関ヶ原合戦絵図　吉継が散った関ヶ原のみならず、前哨戦がおこなわれた尾張や美濃周辺まで描かれている　福岡市博物館蔵

▶関ヶ原合戦図屏風　菊池容斎筆（安政元年／1854年）敦賀市立博物館蔵

▼大谷吉継の陣付近　本図の吉継は、甲冑姿で描かれており珍しい

▲関ヶ原合戦図屏風　岐阜市歴史博物館蔵

▼徳川家康の陣付近

大谷刑部卿

第一章 出生と仕官をめぐる謎

■ 母親「東殿」と吉継の生年 ■

吉継の母親は、豊臣秀吉《とよとみひでよし》の正室《せいしつ》（祢《ねい》、北政所《きたのまんどころ》）の侍女《じじょ》で、「ひかし」「東殿」などと呼ばれた女性である（以下、史料上の表記を除き、吉継の母の名を「東殿」で統一する）。『兼見卿記《かねみきょうき》』（京都吉田神社の神主吉田《よしだ》兼見の日記）天正《てんしょう》十三（一五八五）年十二月廿日条に、こうある。

大坂へ差下左馬允、大政所・北政所御神供・守・紅帯三筋ツヽ、取次東殿へ守・紅帯二筋、息大谷刑部少輔守三災厄・撫物クチラ遣之、

兼見が大坂に左馬允《さまのじょう》（鈴鹿定継《すずかさだつぐ》）を遣わし、大政所《おおまんどころ》（秀吉の母）・北政所に神《じん》供《く》・守《まもり》・紅帯《べにおび》を、東殿に守と紅帯、その子刑部少輔に守と鯨帯《くじらおび》を届けたという内容である。帯はそれぞれ*撫物《なでもの》、「三災厄《さんさいやく》」は風災《ふうさい》・水災《すいさい》・火災《かさい》、ないし飢饉《ききん》、疫《えき》病《びょう》、刀兵《とうへい》（小三災《しょうさんさい》）を指す。「取次東殿」とあるのは、兼見が北政所と音信《いんしん》を通じる折に、東殿が窓口となっていたことを示す。

さて、ここに「（東殿）息大谷刑部少輔」とある。大谷吉継はこの年七月、従五《じゅご》

高台院肖像■豊臣秀吉の正室で、朝廷との交渉や全国の大名から人質として集められた妻子たちの管理を担うなど、豊臣政権内で政治的に重要な人物であった　京都市・高台寺蔵

*撫物■祈禱や禊などで用いる、身代わりの衣類や人形。形代。

位下《いのげ》刑部少輔《ぎょうぶのしょう》に叙任《じょにん》されている（後述）ので、吉継が東殿の子息であることが確認できる。

『兼見卿記』には、吉継の生まれ年を推し量る重要な記事も確認される。吉継の生まれ年については、「行年《ぎょうねん》四十二歳」と記す『関原軍記大成《せきがはらぐんきたいせい》』（宮川忍斎《みやがわにんさい》、元禄《げんろく》三／一六九〇年序、『国史叢書』、一九一六年）などを根拠に、永禄《えいろく》二（一五五九）年といわれてきた。しかし、この永禄二年説はそろそろ最終的に訂正される必要がある。

ひかし殿文到来云、今夕月神、祠官七人、前関白北政所御祈禱、ひかし殿子息刑部少輔廿八才、祠官三人祈念之儀被仰出訖、意得存之由、ひかし殿へ御返事申訖、

右は、豊臣秀吉の正室（北政所）の侍女「ひかし」からの手紙で、北政所、「ひかし」とその子息刑部少輔（吉継）の月神祈念《がつじんきねん》の依頼があり、兼見は了解した旨を返書したという記事である。ここでは、吉継が天正二十年に「廿八才」と記されていることが重要である。母親が認《したた》めた祈禱《きとう》依頼状に記された子どもの年齢に誤りはないと考えられるし、兼見にとっても年齢は祈禱の要件に属する。信頼すべき情報で、その場合、吉継の生まれ年は永禄八（一五六五）年になる。

これらの『兼見卿記』の記事を根拠に、吉継の母親を東殿とし、生まれ年を永禄八年とする見解は、実は一九六九年にすでに岡本良一によって示されていた（岡本良一「武家の書状・大谷吉継」、『日本美術工芸』三六五号、一九六九年、のち同『戦国武将25人の手紙』、朝日新聞社、一九七〇年、収録）。ところが、母親東殿・永禄八年生

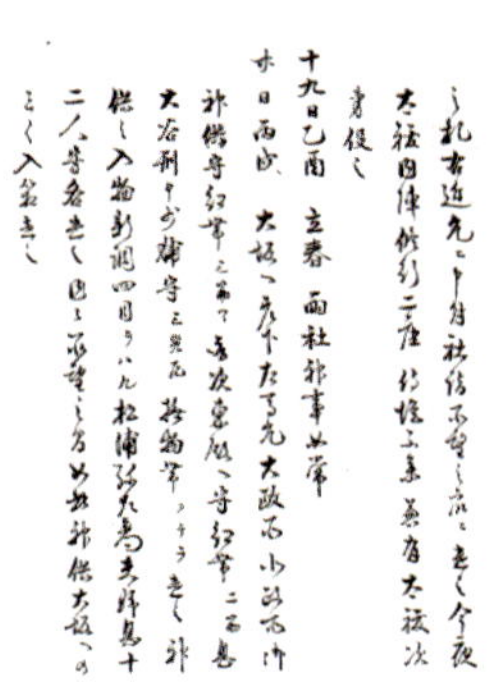

「兼見卿記」天正13年12月20日条■東京大学史料編纂所蔵写本

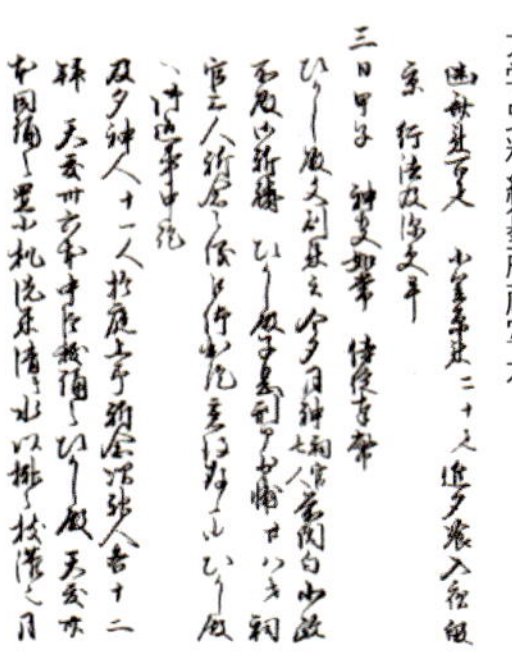

「兼見卿記」天正20年正月3日条■東京大学史料編纂所蔵写本

誕説は埋没する。『国史大辞典』大谷吉継の項（第二巻、一九八〇年）が永禄二年生誕説を採用し、東殿の存在を忘れたまま、吉継が豊後《ぶんご》大友宗麟《おおともそうりん》の家臣大谷氏の出身だと記し、吉継の基本情報を載せる辞典類、研究書等の多くがこれを踏襲してきたからである。

わずかに、史料纂集『兼見卿記』（続群書類従完成会）の校訂に従事した染谷光廣が、国立教育会館での講演（染谷一九八六）で母親東殿・永禄八年説を採用し、その後、宮本義己「大谷吉継と豊臣秀吉」（花ケ前盛明編『大谷刑部のすべて』新人物往来社、収載）が、再度これを唱えることになるのであるが、同書掲載の年譜は、永禄二年生誕説を採用して作成されている。

母親が東殿であることは近年、普及したように感じられるが、永禄二年説は衰えをみせることもなく、今なお通説的な位置を占めている。歴史研究の常識からいえば、『兼見卿記』の記事により、『関原軍記大成』など軍記物の記事は斥けられるはずである。そうなっていないのは、筆者たちの発信力が足りないからかもしれない。

大友宗麟肖像■豊後国の戦国大名で、実名は義鎮。島津氏や龍造寺氏と激戦を繰り広げ、同家最大の勢力を築いた。秀吉の島津義久征伐に従軍中に死去した。キリシタンとしても知られる　東京大学史料編纂所蔵模本

■ 吉継の父親は誰か ■

吉継の父親については、江戸時代以来、いくつかの説が世にあらわれている。し

かし、いずれも決定的な証拠を示すことができずにいるというのが現状である。

従来説のいくつかを紹介しよう。まず、吉継の父親を豊後の戦国大名大友宗麟の家臣大谷盛治《もりはる》とする言説である。その典拠とされることが多い『古今武家盛衰記《ここんぶけせいすいき》』（十七世紀末以降の成立）は、①吉継は大友宗麟の家臣大谷盛治（平姓大谷氏）という武士の子息で、②大友宗麟の没後、吉継は流浪するが、秀吉が姫路《ひめじ》城主であったときに石田三成の仲介で秀吉に仕官《しかん》したと記す。

大道寺友山《だいどうじゆうざん》の『落穂集《おちぼしゅう》』（享保《きょうほう》十二／一七二七年成立）巻七では、徳川家康が浅野長政《あさのながまさ》に大谷吉継の素性を尋ね、これに答える長政の言葉として、『古今武家盛衰記』と同じ吉継の出自が語られる。著者の友山は、「この話は世間に流布する書物にはみえないが、徳永如雲斎《とくながにょうんさい》覚書にみえるのでここに記した」との注を加えている。友山は『落穂集』にしばしば徳永如雲斎覚書を引いており、如雲斎が浅野家臣徳永金兵衛の隠退後の号であることも明らかにしている。

徳永金兵衛はたしかに実在し、名は秀親《ひでちか》、号は如雲。甲斐《かい》で浅野長政に仕官し、江戸時代は三次《みよし》藩浅野家の家老となり、万治《まんじ》二（一六五九）年に没したという（『三百藩家臣人名事典』、新人物往来社、による）。『徳永如雲斎覚書』を現存する書籍として確認することはできないが、十八世紀に大谷吉継の出自が大友宗麟の家臣として語られ、普及していたことは認めざるをえない。本書では、これを「豊後説」とする。

この「豊後説」は、二十一世紀の現在でも、吉継の伝記に採用されることが多い。

浅野長政肖像■秀吉の妻高台院の縁者で、尾張時代から秀吉の側近くに仕え、秀吉が政権を握ると、いわゆる五奉行に抜擢されるなど重臣として活躍した。関ヶ原では家康方に付き、後に息幸長が初代紀州藩主になっている　東京大学史料編纂所蔵模本

『英名百雄伝』に描かれた大谷吉継■当社蔵

おそらくは、『国史大辞典』（前掲）などが「豊後説」を採用した結果と考えられる。しかし、後述するように、吉継や東殿が天正十一（一五八三）年以前に秀吉の周辺に居たことは確実で、①についても、②のストーリーは成立しがたい。また、豊後大友氏の家臣に大谷氏を見いだせないとの指摘があり（荻原一九八七）、疑わしい。

ただ、家康はともかく、秀吉の姻戚にあたる浅野長政が、吉継の出自について知らなかったはずはない。『落穂集』*など、後世の伝記がそろって「豊後説」を採用した理由のようなものがあれば、これはこれで興味深い。

次に、「豊後説」が退潮するなかで浮上してきたのが、近江《おうみ》の国衆《くにしゅう》大谷吉房《よしふさ》が父親であるとする説である。根拠とされるのは、太田亮『姓氏家系大辞典』が引く、在原《ありわら》姓大谷氏系図である。これを「近江説」とし、以下に系図を示す。

在原行平…行康（坂田郡司）…行綱（朝妻兵衛尉、平治元年戦乱討死）
┌行吉（大谷十郎、始朝妻十郎、属佐々木定綱）―吉永（大谷刑部太郎、属佐々木信綱）
└吉忠（大谷和泉三郎、住信楽郡祚原奥手）―吉興（大谷大炊介、朝宮居住）…吉房（大谷伊賀守、仕六角左京大夫義賢）

琵琶湖■近江国のシンボルで、中世には盛んに湖上流通がおこなわれ、たくさんの港町が栄えた

*『落穂集』■江戸時代中期に、軍学者大道寺友山によって著された書。徳川家康の出生から大坂の陣までを記した伝記と、家康の関東入部から江戸時代初期の政治、社会、経済、文化等を記したものの二種類からなる。

在原姓坂田《さかた》郡司《ぐんじ》行康《ゆきやす》の末裔《まつえい》で、平治《へいじ》の乱で戦死した行綱《ゆきつな》の代から朝妻《あさづま》を名乗った一族があり（坂田郡朝妻、現在の米原市朝妻筑摩に居住か）、これが行吉《ゆきよし》の代に大谷を名乗り、その孫の吉忠《よしただ》以降は甲賀《こうか》郡に居住し、吉房《よしふさ》に至って南近江の戦国大名六角《ろっかく》義賢《よしかた》（承禎《じょうてい》）に従ったということになる。

山中《やまなか》氏、三雲《みくも》氏など、甲賀郡の武家が六角氏に臣従あるいは同盟関係にあったことが知られ、六角義賢と織田信長《おだのぶなが》との戦争では、甲賀郡が抵抗拠点となった歴史がある。ただ、六角氏家臣としての大谷氏の動向を示す史料はないようにおもわれる。秀吉への仕官を考えるときにも、秀吉との接点が見いだしにくい。

しかも、六角義賢は最終的に秀吉の御伽衆《おとぎしゅう》として仕え、秀吉と同じ慶長三（一五九八）年に没したと伝えられる。吉継が六角義賢の家臣としての出自を有するのであれば、秀吉周辺で義賢と吉継が接する機会もあったと考えられる。何がしかの逸話があってもよさそうであるが、確認できない。

ただ、もうひとつ、「近江説」がある。右の系図にもみえる大谷行吉が、文治《ぶんじ》年中（一一八五～八九）に近江国伊香《いか》郡大谷村（現在の長浜市余呉町小谷、「おおたに」と訓む）に来住し、その十数代の子孫庄作《しょうさく》が、子の無いのを憂い、氏神《うじがみ》である八幡神社に祈ったところ一子を得た。これが大谷吉継であるという伝承である（『伊香郡神社史』同社項）。

『淡海温故録《おうみおんころく》』もこの伝承を採用して、大谷を吉継の出生地としている。系図でも、

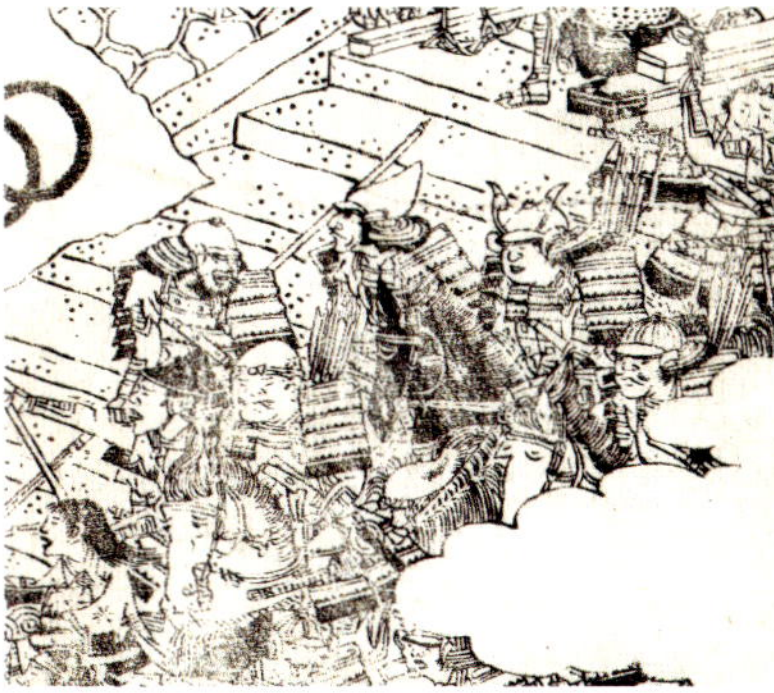

『絵本太閤記』に描かれた六角義賢（承禎）■本図は、義賢が本拠観音寺城を退去する場面を描いている　当社蔵

六角義賢の墓■近江国の戦国大名であったが、家中の内紛により勢力を減退させた。織田信長が勢力を増すと観音寺城を逐われ、諸国を流浪する。晩年は秀吉の御伽衆となり、慶長三年（一五九八）に死去した　京都府田辺市・一休寺境内

小谷八幡神社■滋賀県長浜市余呉町に所在し、大谷氏の氏神とされている　写真提供：横田浩一氏

行吉は朝妻を名乗っていたのを大谷に変えたとあり、これが伝承にいう行吉の大谷移住をさすと考えれば、当面辻褄が合う。しかし、その場合、庄作と吉房は別人である。

ちなみに、伊香郡など北近江において大谷を名乗る武家の存在は、『天文《てんぶん》日記《にっき》』（本願寺《ほんがんじ》十世証如《しょうにょ》の日記）で確認できる。『同』天文七（一五三八）年十月十六日条は、六角定頼《さだより》の支援により浅井亮政《あざいすけまさ》を抑え、北近江に復活した京極家《きょうごく》に証如が音信を通じ、坊官下《ぼうかんしも》間頼慶《つまらいけい》（上野《こうずけ》）・頼順《らいじゅん》（周防《すおう》）に命じて、「六郎」（高広）・「五郎」（高慶）と家臣らに太刀《たち》・馬代を届けたという内容である。そして、そこに若宮《わかみや》、浅見、上坂《かみさか》ら有力家臣と並んで「大谷和泉《いずみ》」の名が記され、「（京極五郎）取次也」と注されている（『大系真宗史料』文書記録編8による）。ここに、京極家家臣としての大谷氏が確認できる。

「大谷和泉」の実名はわからない。しかし、近江在原姓大谷系図にみえる吉忠が

京極家の墓所■京極氏は近江源氏の名門で、室町時代には出雲・隠岐・飛騨の守護に任じられ、侍所を務める四職家にも数えられるなど、有力な一族であった。戦国期には停滞するも、秀吉政権下で復活し、近世大名として存続した　滋賀県米原市・徳源院境内

「和泉三郎」と称したのであれば、武士の仮名《けみょう》*の原則から推して、その父吉永が和泉守（介）であった可能性はある。また、吉忠が「三郎」であるから、吉永の長子（太郎？・「和泉守」を継承？）が行吉以来拠点とした伊香郡に残留し、『天文日記』にみえる「大谷和泉」がその子孫であり、三男吉忠は甲賀郡で自立し、吉房のころ六角氏に臣従したとの推定も成り立つ。

しかし、残念なことに、京極家臣としての大谷氏はその後の史料にあらわれない。京極に代わって北近江を支配する浅井氏の家臣にも確認できない。したがって、吉継が右の「大谷和泉」の系譜をひき、秀吉が旧京極ないし旧浅井家臣を取り立てるなかで、吉継の仕官を考えることにも困難がある。

母東殿の素性を探る

吉継の父親を確定する作業は、以上のようになかなか難しい。それでは、母親東殿から吉継の父親に迫ることができないか。

たびたび引く『関原軍記大成』にも、吉継の出自が記されている。ただ、巻一では「政所の御母朝日の局の甥」とあり、巻十九では「秀吉公の御母公の大廳の甥」とある。すなわち吉継は、巻一では北政所（祢）のいとこ、巻十九では秀吉のいとこ、とい

*仮名　江戸時代以前、実名を呼ぶことを避けるために用いた通称。

朝日局肖像　秀吉の正室高台院の母で、杉原定利に嫁いだ。慶長三年（一五九八）に死去し、高台寺旭雲院に葬られた　京都市・高台寺蔵

うことになり、齟齬がある。福島正則《ふくしままさのり》・加藤清正《かとうきよまさ》・浅野長政らのように、秀吉側近には、秀吉の親族から採用された武将は多い。しかし、大政所・北政所ともに尾張《おわり》の出身で、東殿は北政所の母（朝日局）や秀吉の母（大政所）の姉妹ではあるまい。よって、『関原軍記大成』の語る吉継の出自もまた成立しない。

東殿の出自はどこにもとめられるのか。これを考えるうえで興味深い史料がある。

同（天正十二）年甲申五月、武将羽柴（秀吉）、被免可経山門再建奏聞之旨畢、先是、詮舜従兄観音寺賢珍、謁羽柴家、亦曽寺家執当後家東中女房、秀吉公侍側被召仕、常数々嘆訴山門再建之儀、東募縁、（施薬院）全宗亦曽謁羽柴、秀吉朝臣（秀吉はこの時点で正四位下）愛両人意気・勇潔、各蒙其寵、（中略）遂賜許状、

（訳文）羽柴秀吉が山門（延暦寺）再興について、天皇の了解を得る手続きに入ることを承諾した。これより先、詮舜が兄賢珍に従い秀吉と会って（再興を願って）いた。また、寺家執当の後家で東という女房が秀吉の傍に仕えていたが、（彼女も）常に山門再建を（秀吉に）嘆願していた。東の縁により、全宗もまた秀吉に会い嘆願した。秀吉は両人の意気・勇潔に感じて、秀吉の傍に仕えることとなり、許状も得た。

右の記述は、渋谷慈鎧《しぶやじがい》『校訂増補天台座主記』覚恕《かくじょ》の項（第一書房、一九九九年、原書は一九三五年刊）にみえる。同書は、*天台座主《てんだいざす》の歴伝を載せる『天台座主記』

延暦寺根本中堂■最澄によって開かれた中世最大の宗教権門の一つであったが、元亀二年（一五七一）に織田信長によって焼き討ちされ、当時は復興途上であった　滋賀県大津市・京都市

＊天台座主■延暦寺の住持で、天台宗の一門を総監する職。

の諸本を校合《きょうごう》・集成して編まれた書である。ただ、右の引用部分は『天正本山再興之記』（比叡山善住院本、東京大学史料編纂所所蔵謄写本）の名称で知られる史料の該当部分に近似している。『天正本山再興之記』は、織田信長の焼き討ちによって失われた延暦寺《えんりゃくじ》堂舎の再建記録で、天文二十二（一五五三）年に座主となった応《おう》胤《いん》が、元亀《げんき》元（一五七〇）年に覚恕に交代する記事に始まり、寛永《かんえい》十二（一六三五）年までの記事がある。

さて、羽柴《はしば》秀吉が堂舎再建を了解する経緯を語る引用部分であるが、『天正本山再興之記』とほぼ同文である。しかし、『天正本山再興之記』には「寺家執当後家東」のくだりがない。そのあたり、なおふたつの史料の成立・伝来などの検討がさらに必要であるが、この作業はひとまず措く。

ここでは、秀吉の側近くに仕え、山門《さんもん》（延暦寺）再興の嘆願を重ねたとある「寺家執当後家東」が、吉継の母親東殿とイメージが重なるということに注目したい。東殿は北政所の取次《とりつぎ》のみならず、大名室あての秀吉朱印状《しゅいんじょう》の取次となるケースがあり（『吉川家文書』、二月五日付「吉川はは」あて秀吉朱印状、十二月廿五日付「吉かわししう（侍従）内」あて秀吉朱印状）、秀吉にも近侍する立場にあったからである。

「後家」という点では、大谷吉継が第一次朝鮮出兵から帰還した文禄《ぶんろく》二（一五九三）年九月に、太宰府天満宮《だざいふてんまんぐう》に奉納した鶴亀文懸鏡《つるかめもんかけかがみ》の銘文《めいぶん》が重要となる。ここに、吉継の家族の名が鋳出されているからである（太宰府天満宮『図録太宰府天満宮』、

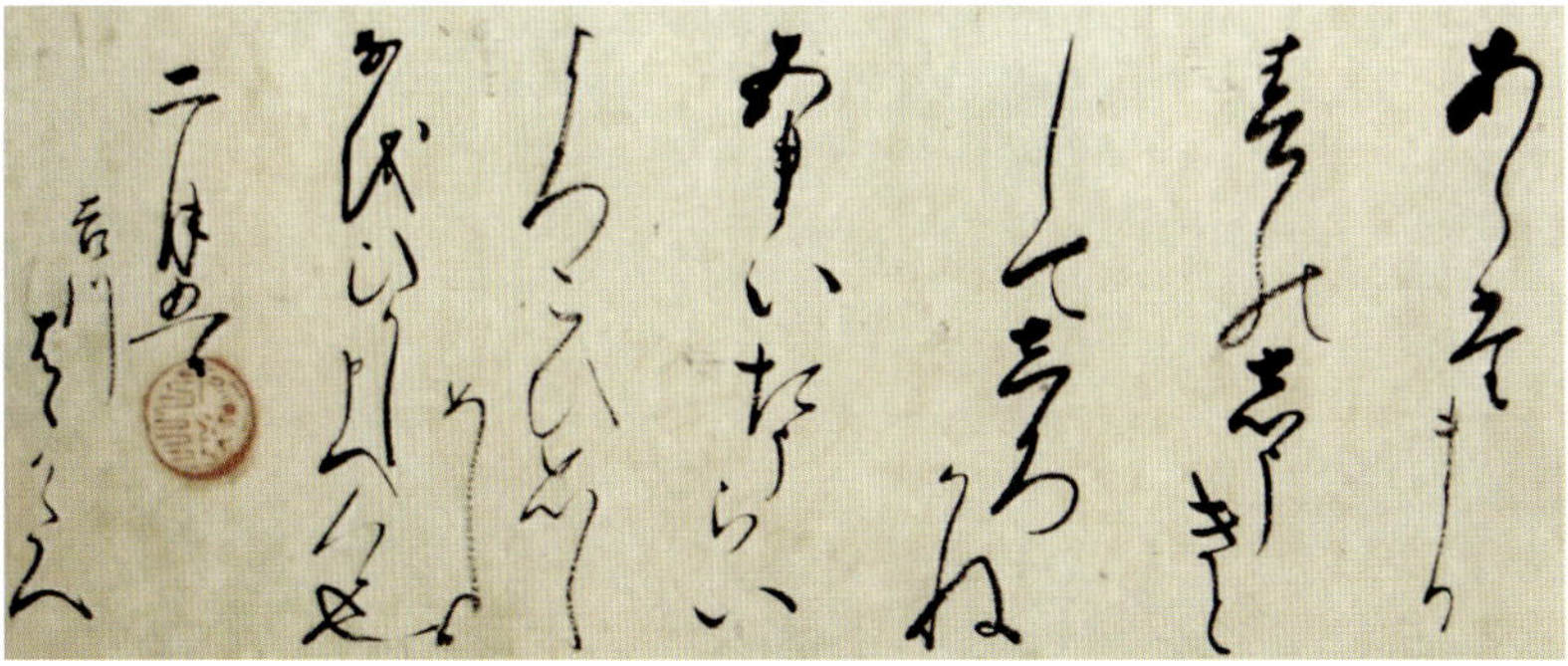

■二月五日付「吉川はは」あて秀吉朱印状
「吉川家文書」吉川史料館蔵

吉継が太宰府天満宮に奉納した鶴亀文懸鏡■福岡県太宰府市・太宰府天満宮蔵

一九七六年、竹内理三・川添昭二編『太宰府・太宰府天満宮史料』十七、二〇〇三年）。

すなわち、「東」（＝母親東殿）「小石」「徳」「小屋」（記名順）で、いずれも女性名である。染谷光廣は、ここに父親の名がないことから、東殿がすでに夫と死別（離別）していたと推定し、秀吉が戦乱等で夫を失った女性やその子どもの生計維持に心を砕いた一例としている（染谷一九八六）。

「寺家執当後家東」の「寺家執当」とは、延暦寺の総務を掌る僧侶で、*1三綱《さんごう》が交替で務めたとされる。元亀二（一五七一）年の織田信長による焼き打ちで、多くの僧侶が命を失っている。三綱クラスの僧侶であれば、妻子があっても不思議ではない。元亀二年に吉継は七歳。当時の秀吉に、こうした遺族を養える環境や資力があったかどうか疑問ものこるが、東殿・吉継と秀吉との出会いは、思いのほか早かったのかもしれない。燃えさかる兵火のなか、東殿・吉継と秀吉が出逢ったとすれば、戦国ドラマの感動シーンにふさわしい。

京都からのぞむ比叡山■京都府と滋賀県にまたがって所在しており、精神的シンボルとなっている

もうひとつ、吉継の名前を載せる系図がある。延暦寺の寺院組織の頂点に立つ天台座主を代々輩出した青蓮院門跡《しょうれんいんもんぜき》の坊官[*2]大谷家の系図（『華頂要略《かちょうようりゃく》』門下伝《もんかでん》、『天台宗全書』）である。

平城天皇―阿保親王―（在原）業平…（大谷）泰貞…泰珍┬泰増
　　　　　　　　　　　　　　　　　　　　　　　　　└吉継

これによると、吉継は大谷泰珍《たいちん》の子としてみえる。泰増《たいぞう》（民部卿《みんぶきょう》）の母が「南同」と号す女性で、天正十一（一五八三）年九月に死去したことが『華頂要略』門主伝（『大日本仏教全書』）にみえるので、東殿が夫（「寺家執当」）亡きあと、泰珍の後妻となったと理解することもできる。

しかし、『華頂要略』門下伝によれば、泰珍は文禄三（一五九四）年の死没であるから、太宰府天満宮鶴亀文懸鏡銘についての染谷の推定とはかみ合わない。また、後述するように、天正十一年四月に「大谷紀之介《きのすけ》」と署名した吉継の発給文書があり、吉継は泰増母の死をまたず、大谷を名乗っているので、東殿を泰珍の後妻とすることは困難である。

では、東殿が坊官大谷家の出であるとしたらどうだろう。「寺家執当」となる僧侶と婚姻関係を結ぶ機縁は充分にある。その場合、東殿は泰珍の姉または妹であり、

『絵本太閤記』に描かれた信長による延暦寺焼き討ちの場面■当社蔵

＊1三綱■「吉川家文書」吉川史料館蔵寺院内の僧侶を統括し、寺務を掌る上座・寺主・都維那の三人の役僧。

＊2坊官■房官とも。門跡寺院などに仕えた在家の僧。帯刀や肉食妻帯も許されていた。

青蓮院宸殿■妙法院・梶井とともに天台三門跡の一つに数えられる、代々天皇家や摂関家の子弟が入室する有力な門跡であった　京都市東山区

泰珍の養子というかたちで秀吉に仕官したので、坊官大谷家系図に載せられることになったのではないか。そのように考えると、青蓮院周辺で確認される東殿・吉継の情報を整頓できるのである。そして、蛇足ではあるが、「東」という呼称も、青蓮院の「青」に通じる。

謎の多い吉継の出自。従来説を斬り捨てながらここまできた。なお異論、反論の余地はある。亡んだ近江の国衆大谷氏の妻子という可能性もにわかに捨てがたいが、史料がない。のこされた史料が語る情報を集めて整頓し、ストーリーが成り立てば一説となる。まずは東殿・吉継ともに青蓮院坊官大谷氏の出自と考えて、その後の吉継の動向を追うことにしよう。

青蓮院の庭園■宗阿弥の作庭とされ、華頂殿から一望できる

第二章 秀吉の傍らで

■山伏姿の大谷慶松■

吉継の幼名《ようみょう》は、慶松《けいまつ》（桂松）といったらしい。

美作国《みまさかのくに》（岡山県北部）の国衆草刈《くさかり》氏の記録には、天正六（一五七八）年、織田信長の誘いに応じた草刈景継《かげつぐ》あての信長朱印状を携え、山伏《やまぶし》姿に身をやつして美作へ向かった大谷慶松（吉継）が、毛利衆に拘束されて朱印状を奪われ、小早川隆景《こばやかわたかかげ》の裁断により、景継は切腹させられたものの、代々の毛利家への忠節が配慮されて、舎弟重継《しげつぐ》への家督相続が認められたとの記事と信長朱印状写がのこる（『草刈家証文』、奥野高廣『織田信長文書の研究』所収、信長朱印状の年代比定もこれに拠る）。

この時期、信長の指揮のもと、播磨《はりま》周辺で毛利衆と対峙していたのは羽柴秀吉であり、秀吉が信長から拝領した草刈あての朱印状を届ける密使となったのが、慶松ということである。

慶長十五（一六一〇）年十一月に、福岡《ふくおか》（草刈）重継（前掲、景継の弟）が、毛利

中世の参詣曼荼羅に描かれた山伏■山伏は山中で修行を行う行者であるが、中世の山伏は山中を移動するというその性格から、使者をつとめることも多かった

家に対する軍功を書き上げて加恩を願い出た書状（『毛利家文書』）にも、大谷慶松が勧降の使者として秀吉の意を伝えに来たが、返事をしなかった。改めて新免猪介《しんめんいのすけ》が秀吉から遣わされ、態度をはっきりさせるよう求められたので、新免を殺害したと記してある。新免も美作の国衆[*1]であり、秀吉の勧降に応じていたのであろう。

重継の書状には、慶松が使者としてやってきた年月が示されていないが、草刈景継切腹のあと、重継が家督を継承して以降のことと理解するのが穏当である。ちなみに、天正六年に吉継は十四歳で、元服《げんぷく》前後と推定される。ともに草刈氏の主張であるが、大谷慶松が美作国衆の調略に従事した可能性は否定できない。吉継が秀吉配下として活動した最初の事例としたい。

なお、江戸時代の国学者天野信景《あまののぶかげ》の著になる『塩尻《しおじり》』（『日本随筆大成』）は、大谷吉継は「洛東大谷修験者」であったが、秀吉が花押《かおう》を占い、武将として取り立て出世したとの説を載せている。山伏姿との伝承に重なる情報で、江戸時代に語られた吉継像のひとつとして興味深い。

■紀之介白頭の署名■

吉継署名の文書の初見は、天正十一（一五八三）年四月、[*2]賤ケ岳《しずがたけ》合戦の前哨戦

大谷吉継の花押

*1 国衆■一定度の領域を排他的に支配するも、政治的・軍事的に独立はできず、戦国大名に従属する領主。秀吉の天下統一によって消滅した。

である織田信孝《のぶたか》・滝川一益《たきかわかずます》らとの戦争に関わる、吉村又吉郎《よしむらまたきちろう》（氏吉《うじよし》）あての書状である。文面から、秀吉の書状に添えられた添状《そえじょう》で、取次としての吉継の意向も述べられている（原文引用にかかる」は改行部を示す）。

御注進状秀吉へ」懸御目候処、委曲」被及御返事候、」瀧川（一益）罷出ニ付て、」三七殿（織田信孝）為手合、」其近辺被放」火之由、御気遣」奉察候、煙相」見候之条、秀吉」ごうと迄雖被懸」付候、河ふかく候て、」渡候事不成、先」大柿迄被打入候、」向後節々御用」承給候者、可為本」望候、随分不可」存疎意候、恐惶」謹言、

大谷紀之介

卯月十六日　白頭（花押）

吉村又吉郎（氏吉）殿

まいる御報

（『吉村文書』大阪青山歴史文学博物館所蔵）

（本文現代語訳）（吉村からの）ご報告書は秀吉にお見せしました。（秀吉が）丁寧なお返事を書かれました（のでご覧ください）。滝川一益が織田信孝と結んで挙兵し、（吉村のいる）近辺に放火しているとのこと、ご心配のことと思います。煙がみえましたので（駆けつけ）河渡（岐阜市）まで来ましたが、（長良《ながら》）川が増水して渡ることができなかったので、まずは大垣《おおがき》に入りました。今後、いろいろご用件を承ることが出来れば本望です。遠慮なさらず、なんでもご相談ください。

＊2賤ヶ岳合戦■天正十一年に近江国賤ヶ岳付近でおこなわれた、豊臣秀吉と柴田勝家の合戦。信長死後の織田家を二分する大きな戦いで、勝利した秀吉は、この後、天下人への道を歩むことになる。吉継も同合戦で先懸衆として活躍した。

『英雄百首』に描かれた滝川一益■織田信長の重臣で、全国各地を転戦した。本能寺の変の直前には関東平定を任されたが、信長の死後は本拠伊勢に戻った。その後、賤ヶ岳の戦い、小牧・長久手の戦いでも敗れ、勢力を失い、天正十四年（一五八六）に死去した　当社蔵

吉村氏吉は、美濃海西郡《かいさい》（現海津市）に勢力を張る国衆で、北伊勢の滝川一益や岐阜の織田信孝の動きを看取《かんしゅ》できる位置にいた。秀吉は吉村から滝川・織田の動きについて報告を得て、進軍してきたのであるが、長良川の増水で大垣に留まることになったことを伝えている。

この書状は、吉継ないしその使者が、秀吉の書状とともに吉村に届けたのである。美作国衆草刈氏に届けたおりには、吉継の添状まではなかったと想像される。このとき吉継は十九歳。秀吉の側近として成長した姿がみえる。「秀吉へ」という表現に、近しさと、天下人《てんかびと》になる直前の秀吉のおおらかさも感じとれるかもしれない。なお、「秀吉へ」と記される吉継の書状は、ほかに翌天正十二年九月、近江多賀《たが》神社から秀吉に届けられた陣中見舞いへの礼状（秀吉礼状への添状）がある（『多賀大社文書』）。

署名は「大谷紀之介白頭」とある。「紀之介」は通称で、「白頭」は実名とは考えられないが、天正十一年の文書と慶長五（一六〇〇）年の文書にのみ記される。吉継が若年期から「白頭」と自称するような身体的特徴を有していた可能性を考えるべきかもしれない。吉継の病や慶長五年の「白頭」署名の意味については後述する。

「紀之介」は、次項で述べる天正十三（一五八五）年の叙任後に署名で用いることはなかった。ただ、天正十三年九月に秀吉の有馬《ありま》湯治に随行した記事、同十四年に大坂周辺で「千人斬り」騒動が惹起し、その首謀者が吉継であるとの風聞があったとの記事を載せる『顕如上人貝塚御座所日記《けんにょしょうにんかいづかござしょにっき》』は、「紀之介」と記している。

『絵本太閤記』に描かれた、秀吉と一益の合戦■賤ヶ岳合戦の前段階として、一益は信孝とともに柴田勝家に与して北伊勢の諸城を攻略し、長島城に籠城したが、賤ヶ岳で勝家が敗れると降伏した　当社蔵

また、同じ天正十四年三月、大坂城に秀吉を訪問したコエリョ（イエズス会日本布教の最高責任者）一行の饗応《きょうおう》役に吉継の姿もあり、この様子を記録したフロイスは、「青年貴族」「紀之介殿／Quinossuquedono」としており（一五八六年十月十七日付書翰、異国叢書『イエズス会日本年報』、雄松堂、による）、口頭で呼ぶ場合はもちろんであるが、書面でも「吉継」という諱《いみな》（実名）を避ける場合に、叙任後も「紀之介」が用いられたことがわかる。

■「大谷刑部」となる■

天正十三（一五八五）年七月、吉継は従五位下刑部少輔に叙任された。秀吉が関白《かんぱく》に任じられたのにあわせ、*諸大夫《しょだいぶ》十二名の叙任がおこなわれたのである。『歴名《れきめい》土代《どだい》』には、「源吉継」と記される。

吉継の出自に関わり、伝えられる系図類は、すでに紹介したように「豊後説」が平姓、筆者が吉継の出自と考える青蓮院坊官大谷家と「近江説」が高階《たかしな》（在原）姓である。ここで、吉継が叙任に際し、源姓であらわれることは重要である。吉継の出自を考える作業のなかで、これまであまり注目されていなかったのが「源吉継」である。

*諸大夫■官人の階層を表す言葉で、律令官制下では四位・五位の地下人や身分の低い貴族を指したが、豊臣政権下では秀吉譜代の家臣たちにこの身分を与え、諸大夫成とした。

織田信孝の墓■信長の三男として生まれ、伊勢国の神戸具盛の養子となり、神戸家を継いだ。信長の死後は柴田勝家と手を結び岐阜城に入ったが、勝家が賤ヶ岳で敗れ北庄城で自害すると、開城して降伏するも許されず、自害させられた　愛知県美浜町・大御堂寺境内

豊臣秀吉肖像■敦賀市立博物館蔵

ところで、秀吉は関白に任じられるにあたり、平姓から藤原姓に改めている。その背景には、関白というポストをめぐる近衛《このえ》信輔《のぶすけ》と二条《にじょう》昭実《あきざね》との争いがあり、秀吉はこれに乗じて信輔の父前久《さきひさ》の猶子《ゆうし》となる条件で関白となったという事情がある。そして、秀吉はさらに翌年、「豊臣」という姓《せい》を創立して豊臣秀吉となる。

さて、吉継と同時に従五位下左衛門《さえもん》大夫《だいぶ》に叙任された福島正則は、「平正則」と記される。福島は、もとより武家の出ではないから、叙任を機に平姓となったと考えられる。従五位下式部少輔《しきぶのしょう》中村一氏《なかむらかずうじ》の「平一氏」、従五位下治部《じぶの》少輔《しょう》石田三成の「藤（原）三成」なども、それぞれに確かな系譜を有していたというより、叙任を機にその姓に定着したと考えられる。

吉継の出自が、筆者の推定通り高階姓大谷氏（東殿）であれば、高階は平安時代以降、優秀な文官《ぶんかん》を輩出した歴史を有するが、武家としてはわずかに南北朝期に活

和歌を詠む高師直■高階氏から出た高氏は足利氏の被官となり、南北朝期には師直が足利尊氏の執事として活躍して躍進するも、その後の一族は振るわなかった　『英雄画譜』当社蔵

躍する高師直《こうのもろなお》の一族がみえる程度である。吉継はみずから武家としての歴史を創める意思を込めて高階姓を離れ、源姓を得たのではないか。もちろん、今はわからない「寺家執当」の僧が源姓であった可能性ものこされている。

さて、「吉継」と署名する文書は、現状では九州出陣中の天正十五（一五八七）年三月八日付、吉川経言《きっかわつねとき》（のち広家《ひろいえ》）あての書状（秀吉朱印状の添状）が初見となる。その後は、「大谷刑部少輔吉継」を定型に、「大刑少」「吉継」「刑部」などが用いられている。また、叙任以降は秀吉の朱印状に取次役として吉継の名が記される場合の表記も、「大谷紀介」などから「大谷刑部少輔」などとなる。なお、充所《あてどころ》の表記で「大谷刑部少輔」の初見は、叙任の翌年天正十四年二月の羽柴秀次《ひでつぐ》書状である（『賀茂別雷神社文書』）。

厳島神社で詠んだ和歌

天正十五（一五八七）年三月一日、秀吉は大坂を発って九州に向かう。島津《しまづ》氏制圧のための戦争は、前年六月から開始され、秀吉政権に服属してまもない毛利・吉川・小早川・長宗我部《ちょうそかべ》などが実戦に従事していた。秀吉の出陣は島津氏を屈伏させ、九州の領知配分（「九州国分《くにわけ》」）を実施することを最終目的としていた。

「吉継」の書名

厳島神社■平家以降、武士の信仰を集め、足利義満や豊臣秀吉なども参詣に訪れている　広島県廿日市市

秀吉一行は九州への途次、安芸《あき》厳島《いつくしま》社に参詣し、大聖院《だいしょういん》で和歌会を催した。『厳島図絵』に、そのおりの和歌が収録されている。

きき《（聞）》しより ながめ《（眺）》にあらぬ いつくしま
　みせばやと思ふ 雲のうへひと　松（秀吉）

絵にもやハ 筆にもおよ《（及）》ハし 宮しまの
　浦の山との はるのけしきそ　（蜂屋）頼隆

都人に ながめられつつ しま山の
　花のいろ香も 名こそたか《（高）》けれ　（大谷）吉継

秀吉を含め、三十六人の和歌が載せられている。『厳島図絵』は、和歌のなかから秀作を選んで載せることも考えたが、奉納和歌会として、三十六（「六々の数」）に意味があると判断してすべて載せたと記している。ただ、ここでは秀吉と吉継、そして歌人・茶人としても著名で、敦賀《つるが》城主としては吉継の前任者となる蜂屋の和歌を紹介した。秀吉や蜂屋の和歌（連歌）は多く伝わるが、吉継の和歌は、後世の伝記類にみえる辞世《じせい》を除けば、おそらくこれ一首のみが知られるのではなかろうか。

■秀吉配下の武将たちにみせた心遣い■

『厳島図絵』に描かれた大聖院の和歌会
■国立国会図書館蔵

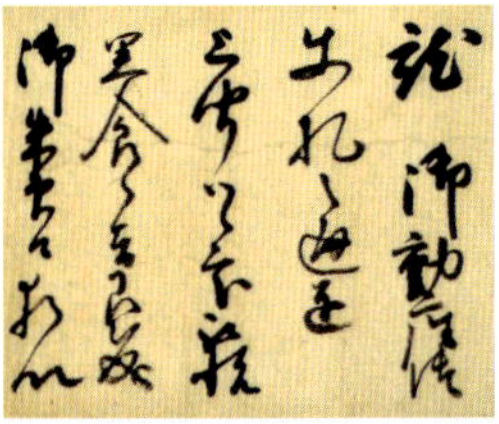

さて、秀吉は三月二十八日に豊前小倉《こくら》に入る。もちろん吉継もこれに従っていた。秀吉は小倉で一通の書状（「去廿四日之書状」）に接する。差出人は吉川経言である。

①去廿四日之書状、」今日廿八日、至于」豊前小倉到」来、披見候、明日」馬嶽へ被成御」着座、秋月表」取巻事、可被」仰付候、然者、先手」儀無緩候由、尤」思食候、猶以不可」由断候、委細大谷刑部少輔可申候也、

三月廿八日　（朱印）

吉川蔵人（経言）とのへ

②就　御動座、御」使札之通、遂」上聞候之処、被悦」思食之旨、即被成」御朱印候、猶以」自拙者相意得」可申入由候、明日至」馬嶽被移　御座、」頓秋月事、可被加」御成敗之旨、被」仰出候、雖不及申候、」先手之儀、切々御」註進尤存候、旁」追而可申述候、恐々」謹言、

大谷刑部少輔

三月廿八日　吉継（花押）

吉川蔵人殿

御返報

（『吉川家文書』）

（本文現代語訳、吉継添状）御動座（秀吉の進軍・本陣移動）に応じて、（経言より）御使者を遣わし届けられた書状を（秀吉に）おみせしたところ、たいへん喜ばれ

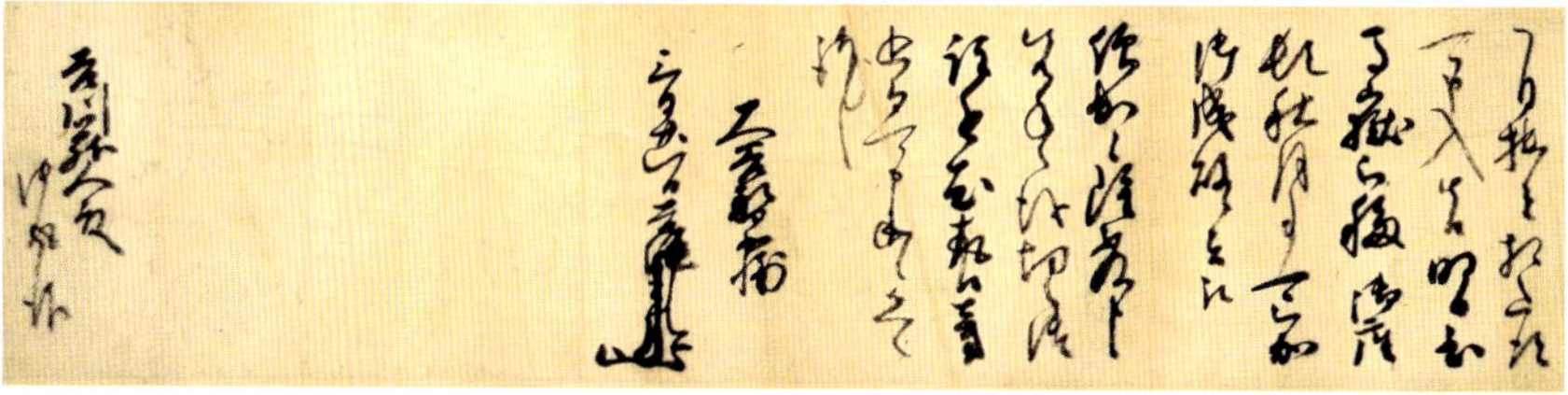

（天正 15 年）3 月 28 日付け大谷吉継書状■「吉川家文書」　吉川史料館蔵

> 朱印状を下されました（ので、お届けします）。そのうえ、拙者（吉継）にも（秀吉の意を）しっかり伝えるよう申し付けられました。（秀吉は）明日馬嶽《うまがたけ》に移り、すぐにも秋月《あきづき》（城の抵抗勢力に）成敗を加えるとの仰せです。申すまでもないことですが、先手を務めたいとのご要望を寄せられていることはすばらしいことと存じます。（作戦等については）追って申上げます。

吉川経言から秋月攻略の先陣を務めたいという申し出があり、秀吉はその意思を歓迎して朱印状（①）を与え、これを伝達するにあたり吉継が添状（②）を認め、使者に届けさせたのであろう。

毛利、小早川らとともに吉川が先鋒として実戦に従事したことは先に指摘したが、そのさなか、経言の父元春《もとはる》は前年十一月に小倉城で病没している。経言は兄元長《もとなが》とともに戦いを続けていたのであるが、かつて元春からは親の言うことを聞かないと嘆かれ（天正九年六月十一日付、吉川元春書状、『吉川家文書』など）、秀吉のもとに人質に差し出されたときも、同時に人質となった小早川元総《もとふさ》（毛利元就の子、小早川隆景の養子）が、秀吉から「秀」の字を与えられて秀包《ひでかね》となり、大名に取り立てられたのに対し、経言はすぐに返されたという苦い経験があった。経言はこの機に自身の評価を上げたいという思いがあったとも考えられる。そして吉継が、経言を支えようとしたことも右の文面から想像できる。

吉川広家肖像■吉川元春の子として生まれ、父に続き兄元長も死去すると家督を継ぎ、毛利家を支えた。初名は経言で、後に広家と改名した。関ヶ原では徳川方に内通した功績により初代岩国藩主となり、吉川家が近世大名となる礎をつくった　吉川史料館蔵

ところが、六月、経言は兄元長も失う。元長が日向《ひゅうが》で病没したのである。すでに五月に島津義久《よしひさ》が秀吉に降伏し、元長が没する数日前には「九州国分*」も完了していた。しかし、経言は悲しみに耐えかねたのであろうか。九州を去る秀吉への挨拶に出向けなかった。

尚々、御音信過」分至極候、将又、御」舎兄元長御事」不慮之儀、不及是非候、」御朦気之段奉察候、」早々可申入之処、御出」仕之刻候間、令延引候、

貴札幷白銀三」十両到来、本望之」至候、如仰於姪濱」可遂面上之処、御出」頭御取乱察存候故、御陣所御尋不申」入候、今度者　御前」不罷出候之条、御用等」不承候、御残多存候、」聽而大坂可為御上」之間、以面拝万々可」申入候、上邊御用」等候者、可被仰越候、猶」期後音候、恐惶謹言、

大形少

七月六日　吉継（花押）

吉蔵（経言）様

参　貴報

（『吉川家文書』）

（現代語訳）書状と白銀三十両が届きました。この上ない喜びです。仰せの通り、姪濱《めいのはま》でお会いできるはずでしたが、（兄元長死去による）混乱で御出頭いただくことは難しいのであろうと思い、御陣所にも（出頭）催促をいたしませんで

吉川元春・元長の墓所■広島県北広島町

*九州国分■秀吉の九州攻め後におこなわれた九州の大名の新たな領地分配。これにより、佐々成政・小早川隆景・黒田孝高などが九州に入部することになった。

した。今度は（秀吉のところにも）お出でいただけなかったということで、御用なども伺うことができませんでした。とても心残りです。（しかし）まもなく大坂へお上りいただけるようですので、（そのおり）お会いして、いろいろお話したいと思います。御用がありましたら、（遠慮なく）お申し出ください。また、お便りいたします。
（追伸）なお、贈り物は（私には）多すぎるほどです。お兄上元長のことは思いもかけぬことで、残念なことでした。お気持ちの整理もつかない御様子お察しします。（本来なら）もっと早くに（お悔やみを）申し上げなければならなかったのですが、御出仕のおりにと思い、遅れてしまいました。

吉継の心遣いがよくわかる書面である。秀吉への挨拶に出向けなかった経言は、おそらく吉継に善後策を相談したのであろう。右の吉継書状は、これへの返事である。経言の心情に寄り添いながらも、秀吉の不興を買うことのないよう、早期の上坂を勧め、何でも相談するように促している。

幸いにして、吉川家の家督《かとく》は経言に安堵され、毛利輝元《てるもと》から「広」（毛利氏の祖大《おお》江広元《えのひろもと》の「広」）の字を与えられて広家と名乗ることになる。そして、＊肥後国人一揆《ひごこくじんいっき》の鎮圧にも参戦し、翌天正十六年七月、毛利輝元、小早川秀秋《ひであき》とともに上洛して秀吉と会い、従五位下（八月、従四位下）侍従《じじゅう》に叙任されたのである。

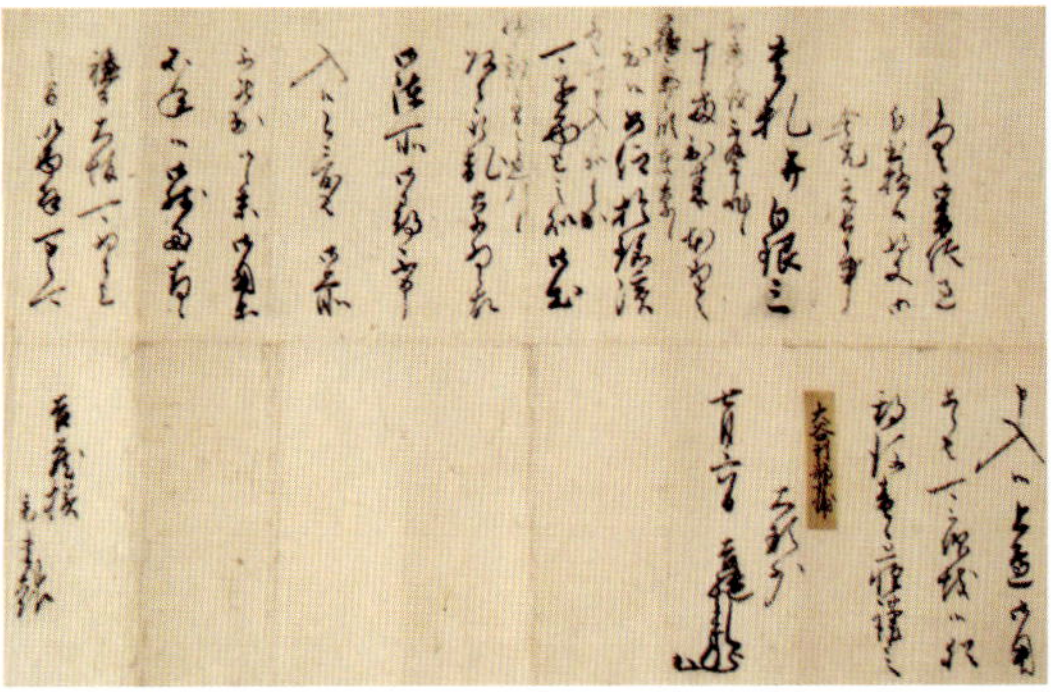
（天正15年）7月6日付け大谷吉継書状
■吉川史料館蔵

＊肥後国人一揆■九州国分によって従来の権益を奪われた在地勢力が、新領主佐々成政に対して蜂起した事件。これにより、抵抗する勢力は徹底的に成敗された。

秀吉の傍らにあって、秀吉に従い命を削る武将たちに指示を与える場面でみせる吉継の心遣いは、その後の秀吉の戦争のなかでも変わることはなかった。

小田原出陣と忍城攻め

中国・四国についで九州を平定し、徳川家康と真田昌幸《さなだまさゆき》を講和《こうわ》させ、ともに臣下の儀礼を取らせた秀吉は、天正十六（一五八八）年八月、家康の仲介で北条氏規《ほうじょううじのり》を上洛させ、小田原《おだわら》の北条氏との和議《わぎ》を成立させた。ところが、翌十七年十一月に北条の兵が和議に反して、真田氏の名胡桃城《なぐるみじょう》を奪取したため、秀吉はこれを口実に小田原北条氏制圧を決意する。

ところが、秀吉には懸念があった。徳川家康の娘（督姫《とくひめ》）が当主北条氏直《うじなお》に嫁いでいたからである。

そこで、家康の内意を知るために派遣されたのが大谷吉継であったといわれる。古文書などによってその実否を確かめることはできないが、『落穂集』には、吉継が家康と会い、氏直は了解しているが父氏政が「愚昧《ぐまい》」で納得せず、「北条家滅亡の時節到来」と思う、として小田原北条氏に対する秀吉の宣戦布告を承認する旨を伝えたとある。ちなみに、『落穂集』の著者大道寺友山は、北条氏の家臣で小田

小田原城跡■北条氏の居城で、関東が誇る巨大城郭。左の写真は小峯御鐘ノ台大堀切　神奈川県小田原市

図1　北条氏の主要城郭

原落城に殉じて切腹して果てる大道寺政《まさ》繁《しげ》の孫で、『落穂集』著作の頃は福井藩に仕えていた。

十二月、家康は上洛して秀吉と会い、北条氏制圧について話し合う。そして、翌十八年二月、家康は駿府《すんぷ》（静岡）を出陣した。秀吉は三月一日に京都を発し、十九日に駿府に入り、家康の饗応をうけている。家康は、秀吉が下る東海道《とうかいどう》の諸宿に茶屋を設けて接遇する気の遣いようであったという。

ところが、『落穂集』はいう。秀吉が駿府城での止宿に警戒感を示したので、浅野長政が吉継と協議のうえ、秀吉を説いて饗応に応じ、城中は戦時ながらにぎわった。しかし、吉継は家康の出立を見送り、山中山城守（長俊《ながとし》）に周囲を警戒させながら浅野に問う。今回の騒動は何故かと。誰が秀吉に駿府城での止宿をとりやめる

北条氏直肖像■北条氏の五代目当主で、氏政の子。小田原合戦で敗北するも、家康の娘を妻にしていたことから助命された　神奈川県箱根町・早雲寺蔵

よう進言したのか探りつつも、今後はひとり勝手な進言は慎むよう吉継が言明すると、石田三成がひとり挨拶もそこそこに「赤面」してその場を去ったので、三成の仕業かとみな推量した、と。

友山は、ここでは「山中山城守覚書」を根拠としたとするが、これも現存する書籍にはみあたらない。逸話として心にとどめながら、江戸時代に著された軍記・伝記類には、三成を貶め、その対極に吉継を置いて讃えるという傾向があることにも注意しておかなければならない。

さて、秀吉は四月一日に箱根《はこね》峠《とうげ》に陣取り、五日には北条早雲《そううん》の菩提寺早雲寺《そううんじ》に陣を構えた。小田原北条氏の始祖を弔う寺を本陣とする秀吉の意図は明快で、もう勝負は決まったと言わんばかりであるが、現実にはいわゆる「小田原評定」も手伝って、最終的に小田原城が陥落するのは七月初旬のことになる。なお、秀吉が早雲寺に着陣したおりの吉継書状がのこる。

一、殿下様昨日五日ニ」当寺しゅんかく寺へ」被成　御着陣候、」小田原迄廿丁余、」又拙者なと陣取よりハ十丁計」在之事候、御先」手悉おしつめ、敵」間五丁三丁ニ不過候、」此分ニ候者、落城程有間敷候間、万々期」帰陣節候、

恐々謹言、

卯月六日　　吉継（花押）

（充所欠）　　（『大阪城天守閣所蔵文書』）

早雲寺■北条氏二代氏綱が父宗瑞の菩提を弔うために、京都の大徳寺から以天宗清を迎えて創建した。秀吉の小田原攻めにより衰退するも、江戸時代に復興された。現在、北条氏歴代の肖像画等、貴重な宝物を所蔵している　神奈川県箱根町

（本文現代語訳）殿下様（豊臣秀吉）は昨日五日に当寺春閣寺《しゅんかくじ》（北条早雲の菩提寺早雲寺の前身寺院の名）に着き、本陣としました。小田原城まで二十丁（2㎞ほど）のところです。拙者（吉継）らの陣は（小田原城から）十丁（1㎞ほど）ばかりですが、先手の衆（前線部隊）はすでに、城から五丁・三丁（500〜300m）以内に迫っています。この様子では、落城までにはそう時間はかからないでしょう。（申し上げたいことはたくさんありますが）すべては戦場より帰った後にいたします。

「しゅんかく寺」（春閣寺）は、早雲寺の前身寺院の名称という。早雲の名も無視したのは、秀吉に倣った厚顔さであろうか。前欠の可能性を有し、充所《あてどころ》を欠いているが、楽観的な見通しを述べ、詳しいことは帰陣後にと言い添えているところをみると、吉継の近親者あてともみえる。秀吉と吉継の陣所の位置関係については、「小田原陣仕寄陣取図」（毛利家文庫、山口県文書館所蔵）と照合して全く矛盾がない。それぞれの史料的価値を担保する情報である。秀吉の本陣と先手衆との中間に、石田三成や浅野長政らと並んで陣を構えたようだ。

なお、吉継は石田三成・長束正家《なつかまさいえ》らとともに、北条に与《くみ》する成田《なりた》氏が籠もる武蔵忍《おし》城を攻撃したことが知られる。吉継は「長野口《ながのくち》」の寄せ手であったというが、四

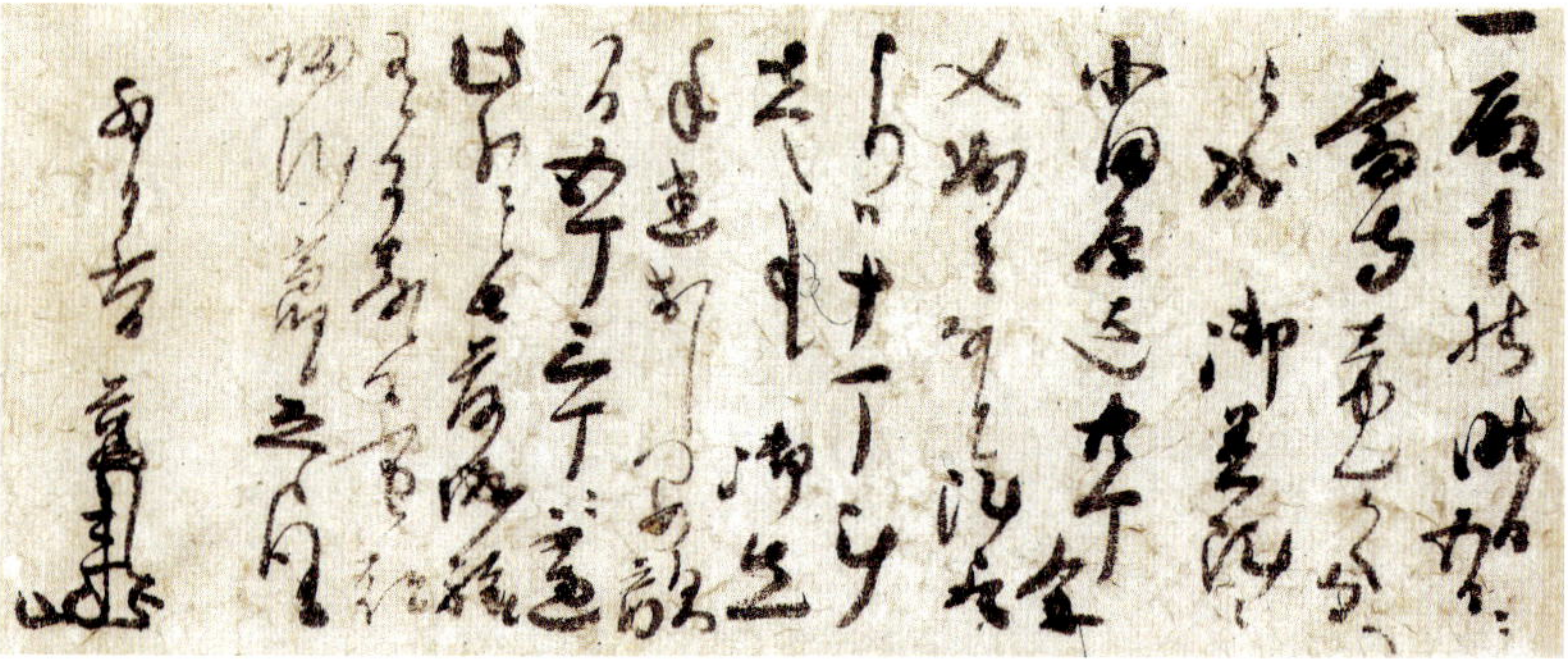

（天正18年）卯月6日付け大谷吉継書状
■大阪城天守閣蔵

小田原陣仕寄陣取図■早雲寺に「御本陣」が置かれていたことなど、小田原合戦における豊臣軍の布陣を詳細に描いている　山口県文書館蔵

月末に始まった攻防戦も膠着《こうちゃく》し、六月には三成の策で水攻めにするのであるが、山中長俊の交渉により成田が秀吉に降り、決着したという（『蒲生氏郷記』『忍城戦記』など、終結の日時については史料により異同がある）。

■奥羽仕置と吉継の「邪政」■

小田原北条氏を下した秀吉は、時をおかず奥羽仕置《おううしおき》（検地《けんち》と領知割《りょうちわり》）に乗り出す。七月十七日には、小田原を発ち、江戸、宇都宮《うつのみや》を経て八月九日に会津に入る。その間の八月一日、秀吉は上杉景勝に出羽《でわ》国の検地を大谷吉継と協力して進めるよう、次のように指示を下した。

出羽国大宝寺分同庄内三郡事、最前如仰付候、其方令糾明大谷刑部少輔相談、
如上方、可然様可被申付候也、
八月朔日　　秀吉
羽柴越後宰相中将殿
（『上杉家御年譜』）

出羽国の大宝寺《だいほうじ》領・庄内《しょうない》三郡（櫛引《くしびき》・田川《たがわ》・飽海《あくみ》。なお、『上杉家御年譜』は「大宝寺領、同庄内、由利《ゆり》、仙北《せんぼく》三郡」とする）について、大谷吉継と相談しながら「上方《かみがた》」の方式に倣い、「田畠検地、市屋民舎等迄点検シ、兵器ヲ相改ムヘシ」（『上杉家御年譜』）。

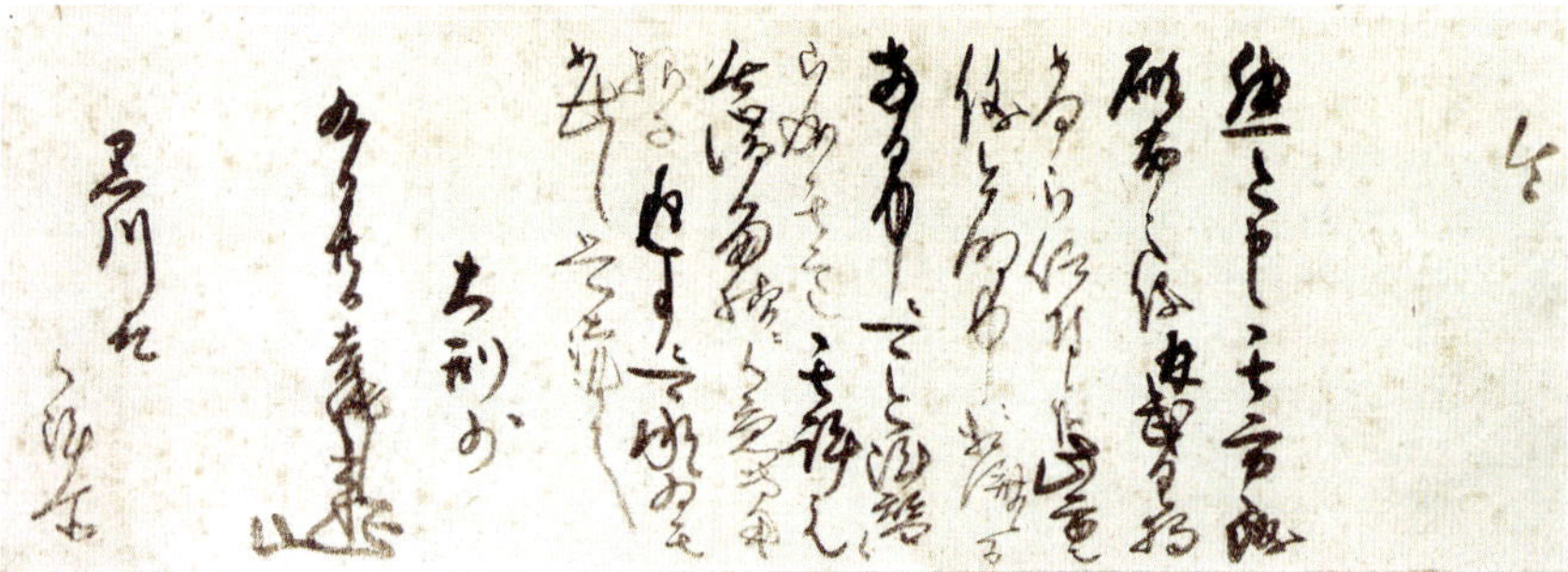

以下、引用は同書による）というものであった。秀吉からは「監司《かんし》」として戸狩采女《とがりうねめ》、齋藤五郎四郎《さいとうごろうしろう》が遣わされ、吉継に従ったことも記される。吉継が仕置の拠点となる仙北大森城《おおもり》（現秋田県横手市）に入るのは、八月中旬のことであった。

いわゆる太閤検地《たいこうけんち》といっても、旧大名領などにおいては事実上の指出検地《さしだしけんち》（申告制）であり、奥羽仕置においても伊達領、最上領などでは緩やかな対応がとられたとされる。しかし、小田原参陣を拒んだ諸氏の旧領をはじめ、没収地、占領地での検地は厳正を期したようで、「上方」の方式に倣うとする場合は丈量《じょうりょう》検地（実測調査）の可能性も考えられる。

したがって、在地勢力による検地への抵抗も激しいものがあった。景勝、吉継による検地も、軍勢をともなって実施されたようである。そして、この年の秋ごろ、奥州の和賀《わが》・稗貫《ひえぬき》地域、葛西《かさい》・大崎《おおさき》地域、出羽の仙北地域、庄内地域でそれぞれほぼ時を同じくして、土豪《どごう》らを構成員とする一揆が蜂起した。

天正十八年九月下旬、「仙北ノ諸給人百姓等、今度大谷吉継カ邪政ヲ憤リ一揆ヲ起シ、在々所々ヲ放火ス」とある。吉継が秀吉の指示に従い実施した仕置であるが、在地勢力にとっては既得権益を侵され、生きる術を失いかねない「邪政《じゃせい》」と映ったのであろう。景勝は一揆軍の籠もる城郭に攻め寄せ鎮圧し、吉継の称賛を得たという。そして、景勝の提案で「諸士、商客、百姓等マテ差立タル者」から人質をとることになり、一揆は沈静化した。

（天正18年）9月20日付け大谷吉継書状■小田原合戦に参陣しなかったため所領没収となった会津の黒川晴氏に対し、黒川領の城の破壊と武具の放棄をするように促している　「吉川金蔵氏所蔵文書」　東京大学史料編纂所所蔵台紙付写真

大森城跡■室町期に小野寺氏一族によって築かれたとされ、秀吉の奥羽仕置に際して大谷吉継・上杉景勝が入城し、太閤検地の拠点となった。関ヶ原後に小野寺氏が改易になると、大森城も廃城となった　秋田県横手市　写真提供：横手市教育委員会

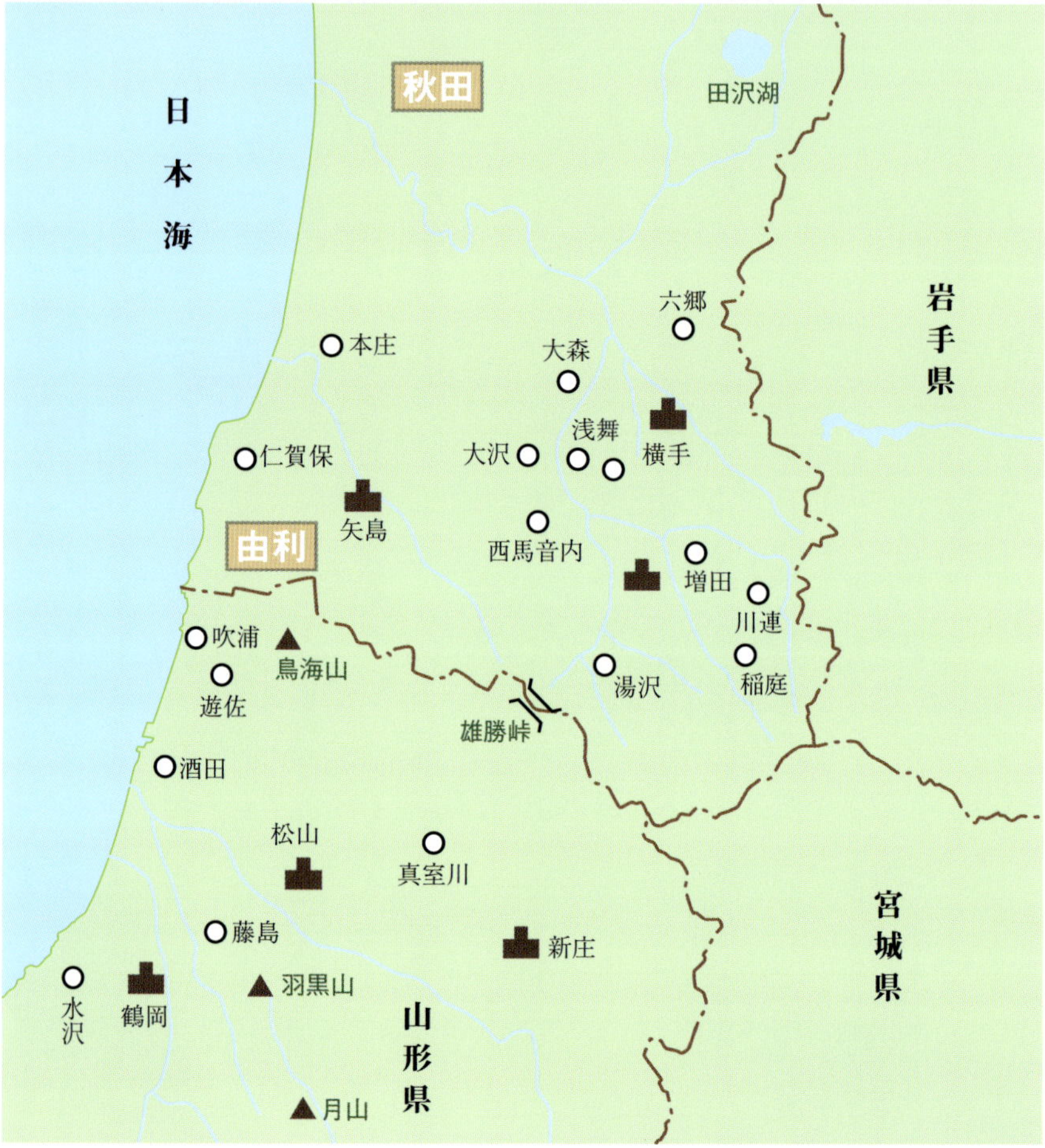

図2　奥羽仕置関係図

太閤升■秀吉は検地の基準となる升の大きさを統一し、いわゆる太閤検地をおこなった。この京升は大坂城三の丸跡の発掘調査で豊臣前期の土層から出土したもので、太閤検地を物語る貴重な資料である。天正十三年の物と考えられ、豊臣時代最古の京升とされる　大阪府教育庁蔵

十月、「羽州仙北ノ御仕置形ノ如ク調ケレハ」（仕置が所期の目的を達したので）、景勝は秀吉の許しを得て、大森城に家臣の色部長真《いろべながざね》を残して越後に帰国し、吉継も戸沢道茂《とざわみちしげ》、青川兵庫頭《あおかわひょうごのかみ》らを在番として置き、京に戻って秀吉に復命した。出羽を去るにあたり、吉継は色部長真に書状を送り、大森城に置いた人質の扱いを含め、今後のことを指示するなかで、次のように述べている。

（前略）

一、其方之御事、両郡為奉行、被残置候上者、対貴所逆意之輩在之時者、彼者公儀への慮外ニ候間、後日に可加成敗候、

（後略）

（『色部文書』）

（現代語訳）あなた（色部）は両郡の奉行として残し置かれたわけですから、あなたに対して反抗する者があれば、彼らはみな秀吉（「公儀《こうぎ》」）への無礼を働いたことになります。後日（必ず）成敗するように。

仕置により結着した領知や法制について異議を申し立てることは、公儀への無礼であるという表現に、吉継の政治信条をみることができる。「邪政」と反抗されても、秀吉が実現した「平和」こそ、もっとも大切な、守るべき姿と考え、これを破壊する者は断罪する覚悟で臨んでいたのである。

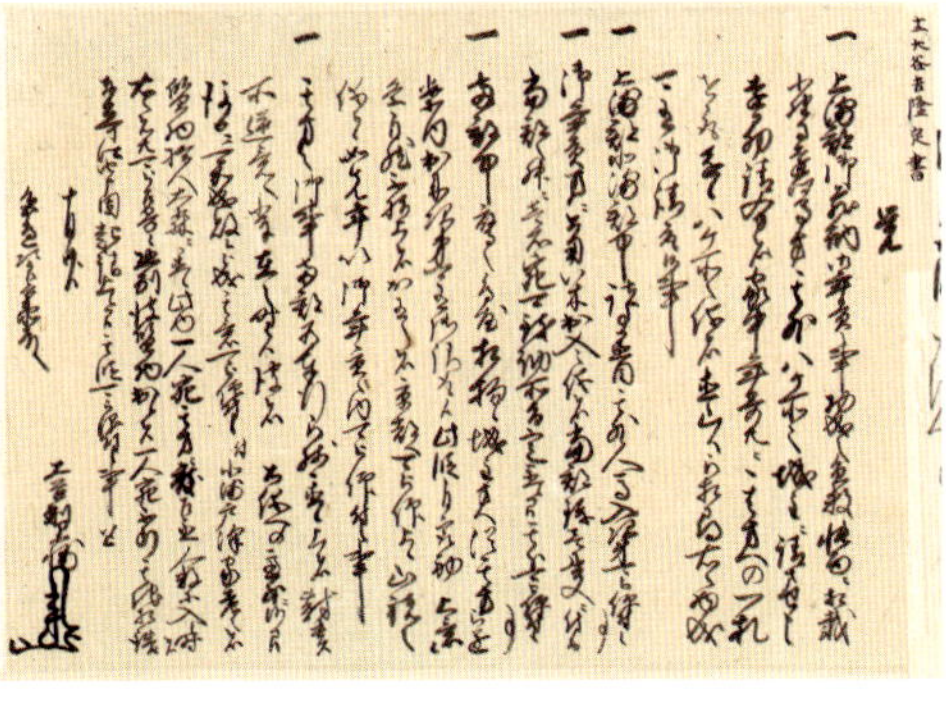

天正18年10月20日付け大谷吉継書状■
「色部文書」新潟県立歴史博物館蔵

■朝鮮侵攻と吉継■

小田原北条氏を滅ぼし、奥羽仕置を終えた秀吉は、東アジアの盟主となる夢の実現にまい進することになる。

すでに秀吉は、九州平定の後、対馬《つしま》の宗《そう》氏を通じて朝鮮国に服属を求める策動を始めていたが、宗氏は天下人秀吉に祝辞を述べる通信使《つうしんし》の派遣を朝鮮国に求め、天正十八（一五九〇、宣祖《せんそ》二十三年）年十二月、これが実現する。通信使側には秀吉に朝鮮侵攻の意思があるかどうか確かめる意図もあったといわれるが、その意図は果たせず、第一次朝鮮出兵（壬辰倭乱《じんしんわらん》）緒戦で朝鮮側が劣勢となった理由ともされる。

秀吉の出兵準備は天正十九年正月に始められた。奥羽仕置から帰還してまもない吉継が、兵站《へいたん》を整える作業の中心にいたことは疑いない。そして、翌二十年四月十二日、先鋒の宗義智《そうよしとし》と小西行長《こにしゆきなが》の部隊が釜山《プサン》に上陸し、戦端が開かれた。朝鮮側の戦争準備の遅れは否めず、次々と朝鮮半島に上陸した日本の部隊は、優勢のなか各地に拠点となる城を設けながら、早くも五月二日には首都漢城《ハンソン》（現ソウル市）を陥落させる。朝鮮国王（宣祖）はすでに逃亡したあとで、都に残された民衆は、「叛民《はんみん》」となって日本軍に協力するものもあったという（『朝鮮王朝実録（宣祖）』など）

吉継は石田三成、増田長盛《ましたながもり》らとともにこの年二月二十日に京都を発って名護屋《なごや》城に入り、渡海するのは六月六日、漢城に到着したのは七月十六日とされる。すでに、

宗義智肖像■代々対馬の領主であった宗氏二十代当主。宗氏は代々朝鮮とも通交していたため、秀吉による朝鮮出兵の際には朝鮮側との交渉にあたり、後には先鋒もつとめた。関ヶ原の戦いでは西軍方についたものの、所領を安堵され、慶長十四年（一六〇九）には朝鮮との和平条約を結ぶ功績を上げた　長崎県対馬市・万松院蔵

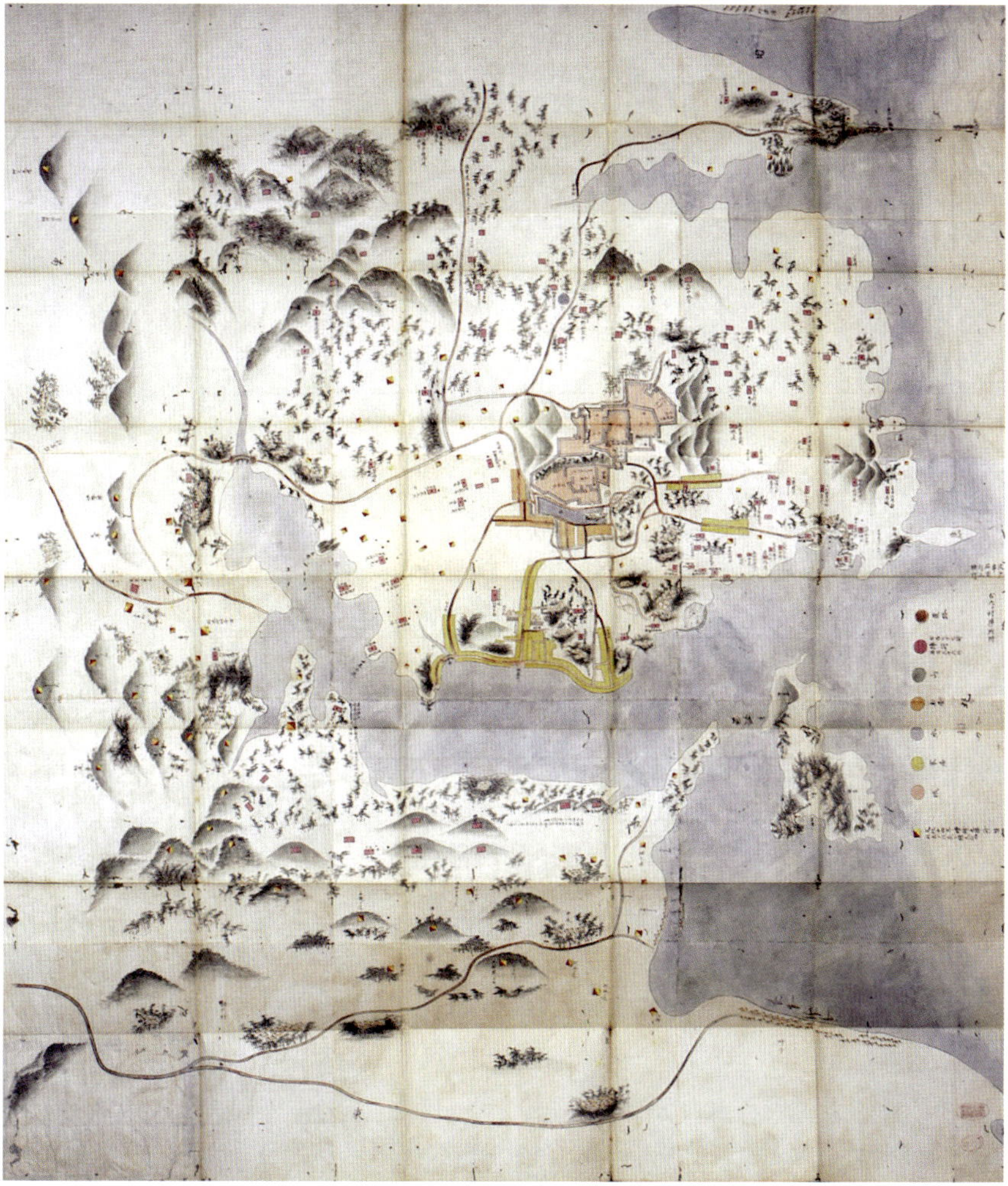

肥前唐津名護屋陣所絵図■朝鮮出兵の前線基地となった名護屋城周辺の様子を描いたもので、中央部に名護屋城を描き、その周辺に諸大名の陣所が置かれていたことがわかる。本図は江戸時代後期の作である　佐賀県立名護屋城博物館蔵

半島では日本軍が開城《ケソン》、平壌《ピョンヤン》を制圧していた。しかし、李舜臣《イスンシン》率いる水軍など、朝鮮軍の反撃により敗戦を重ねる場面に遭遇してもいた。小西行長らが明《みん》と交渉した結果得た停戦期間も、講和交渉のかたちが整わないまま、明の将軍李如松《リジョショウ》が率いる軍隊が南下してくる。そして、翌文禄二（一五九三）年正月七日、李軍の攻撃にさらされた小西は、平壌を放棄し撤退した。

漢城では、石田・増田・大谷ら奉行衆を中心に今後の戦略が議論され、日本軍を漢城に集結し、李軍を迎え撃つことになった。ところが、開城の小早川隆景らをはじめ、歴戦の諸将たちは撤退を拒み、安国寺恵瓊《あんこくじえけい》の説得工作も失敗する。そこで吉継の出番となる。

『黒田家譜《くろだかふ》』（貝原益軒《かいばらえきけん》、貞享《じょうきょう》四／一六八七年成立）が記すところでは、安国寺が使者として開城に参じ、大敵を前にして各小勢でそれぞれ城を守りぬくことは困難として、小早川隆景・小早川秀包・黒田長政《ながまさ》らに漢城への撤収を勧めたが、長政は、いまだ一戦も交えずして撤退するのは「武名《ぶめい》の恥辱《ちじょく》」として断り、隆景・秀包もこれに賛同した。漢城の奉行衆は、一度の説得では応じない相手と判断して、重ねて「弁舌《べんぜつ》よき人」を使者とすることを決め、吉継が開城に向かったという。

『毛利秀元記』（『毛利家記』、慶安《けいあん》三／一六五〇年成立）は、隆景説得の場面をこう綴る。撤退を強く拒絶する隆景に吉継は言う。現代語訳で示そう。

名護屋城大手口の石積み■秀吉の朝鮮出兵に当たって築かれた城で、出兵が失敗に終わると廃城となったと考えられている。それに伴い、建物等は唐津城に移築されたともされる　佐賀県唐津市

隆景殿の仰せはごもっともですが、聞き及ぶところでは明軍の猛勢はただならない様子です。こちらで合戦に及び敗れるようなことがあれば、（ずるずると）日本軍の敗退につながるように思います。ここで全力を尽くされるのではなく、漢城へ撤収し、（集結した）諸将を指揮することをお考えいただきたい。（隆景が采配を振るうことに）だれが異議を申すでしょうか。漢城にいる者たちは皆、隆景殿の到着をお待ちしています。吉継みずからお迎えにまいりました。隆景殿の決死のお覚悟は奉行衆から（秀吉に）お伝えしております。お引き取りいただけませんか。

さすがの隆景も、説得に応じ兵を引く。黒田、毛利らも「理《り》に伏《ふ》し」これに従ったという。吉継が前線にのこる武将たちを説得して撤収させたことは、後年、吉川広家が記した覚書にもみえる（『吉川家文書』、慶長十九年十一月十一日付、「対石治少我等所存事」）。軍記類に潤色《じゅんしょく》があることは否定できないから、そこに記された吉継のことばをそのままの事実として受け止めるわけにはいかない。

しかし、吉継の説得に諸将が応じて撤収したことは確かで、説得の場面で、後世「弁舌よき人」と評される吉継のことばの力が発揮されただろうことも、また信じてよいだろう。

『絵本太閤記』に描かれた「石田三成増田大谷の両士と心謀を語る図」■朝鮮出兵時の漢城における石田等の合議の様子を描いている　当社蔵

局子街
オランカイ
鐘域
龍井
会寧
西水羅
豆滿江
女真
鏡城
三水
甲山
吉州
明国
海汀倉
咸鏡道
端川
北青
朝鮮国
義州
洪原
平安道
咸興
寧辺
博川
鴨緑江
永興
大寧江
高原
徳源
平壌
安辺
大同江
谷山
臨津江
黄海道
安城
延安
開城
江原道
漢城
京畿道
漢江
平昌
水原
竹山
忠州
栄州
安東
忠清道
慶尚道
慶州
金堤
全州
居昌
大邱
彦陽
井邑
洛東江
蔚山
南原
南江
宜寧
梁山
西生浦
金海
潭陽
東莱
晋州
昌原
光州
羅州
釜山
泗川
全羅道
霊巌
康津
珍島
豊崎
対馬
府中
小倉
勝本
壱岐
湯の浦
名島
名護屋
博多
平戸
伊万里
佐賀
済州島

図３　朝鮮出兵関係図

漢城への撤収にかかり、毛利元康にあてた吉継書状がある。

追而其元御在陣之儀ニ付て、」御内存之通此地各へ申達候、」誠為御精入儀、尤之御存分と」 被申儀候、以上、

態以使者申入候、昨日者」種々御懇意之段、喜」悦之至候、然者、黒甲」坡州在城之儀、始之」様子致相違、甲州」都へ被打入候ニ相極候、」就其貴所御拘之城」早々被成破却、隆景」同前ニ都へ可被罷越候、」委細各より以連判」隆景へ様躰被申入候」間、為御心得如此候、猶使者」口上ニ申含候間、不能」巨細候、恐惶謹言、

正月十八日　吉継（花押）

「（切封）　大刑少
元康様御陣所　吉継」

（『厚狭毛利家文書』）

（現代語訳）使者を遣わし書状をお届けします。昨日はお心遣いをいただきありがとうございました。さて、黒田長政（黒甲）は坡州《パジュ》に籠城していますが、状況が変わったため、長政は都（漢城）に転進することになりました。そこで、あなたがおられる城も、早々に破壊し、（小早川）隆景と同様に都へ（軍を）引

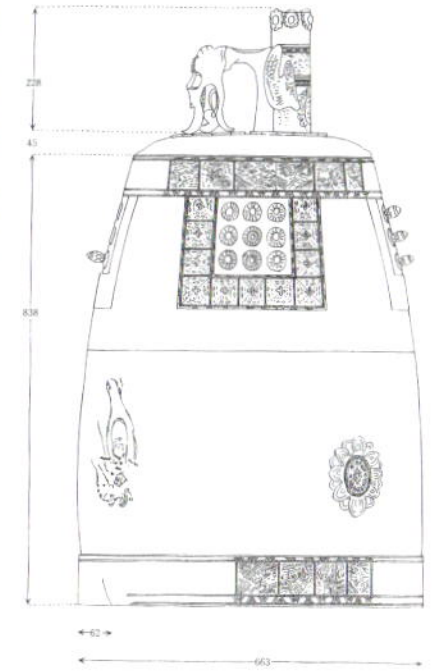

常宮神社の朝鮮鐘実測図■福井県敦賀市の常宮神社が所蔵する鐘は、朝鮮出兵の際に日本にもたらされ、秀吉の命で大谷吉継が同社に寄進したと伝わる。『新羅鐘・高麗鐘拓本実測図集成』より転載

同鐘の銘文部分

き上げてください。詳細は各々（奉行衆＝石田三成・増田長盛・大谷吉継）連判状で隆景には申し伝えてあります。よろしくご理解ください。なお、使者に伝言をもたせてありますので、書状では省きます。
（追伸）あなたの（城を維持したいという）お気持ちは奉行衆へも伝えてあります。懸命のご覚悟と（奉行衆も）感じ入っております。

元康もまた漢城に撤収した。そして、二十六日未明、李軍を迎え撃った日本軍は大勝する（＊1碧蹄館《ビョクチャガン》の戦い）。李軍は平壌に退却し、当面の危機は脱した。石田・増田・大谷の構築した合戦の構図と、リベンジを期す諸将の志気がこのときはうまく調和したようだ。

次いで、二月十二日、李軍の参戦に応じた朝鮮国の将軍権慄《クォンユル》が拠った＊2幸州山城《ヘンジュサンソン》を攻撃する。城の守りは堅く、最終的に日本軍は全面撤退を余儀なくされた。その撤退戦で、吉継の指示のもと、しんがりを務めたのは毛利元康であった。翌十三日、吉継は元康を慰労し、家臣たちの安否を問う書状を届けている。

（端裏）
「（切封）元康様御陣所大刑少」
尚々、昨日前後之様子閑斎」かた迄之御書中之通承届候、」各相談之上候」つる間、御手前之」不御如在被申候、是又被入御念候、」忝存候、昨日拙者

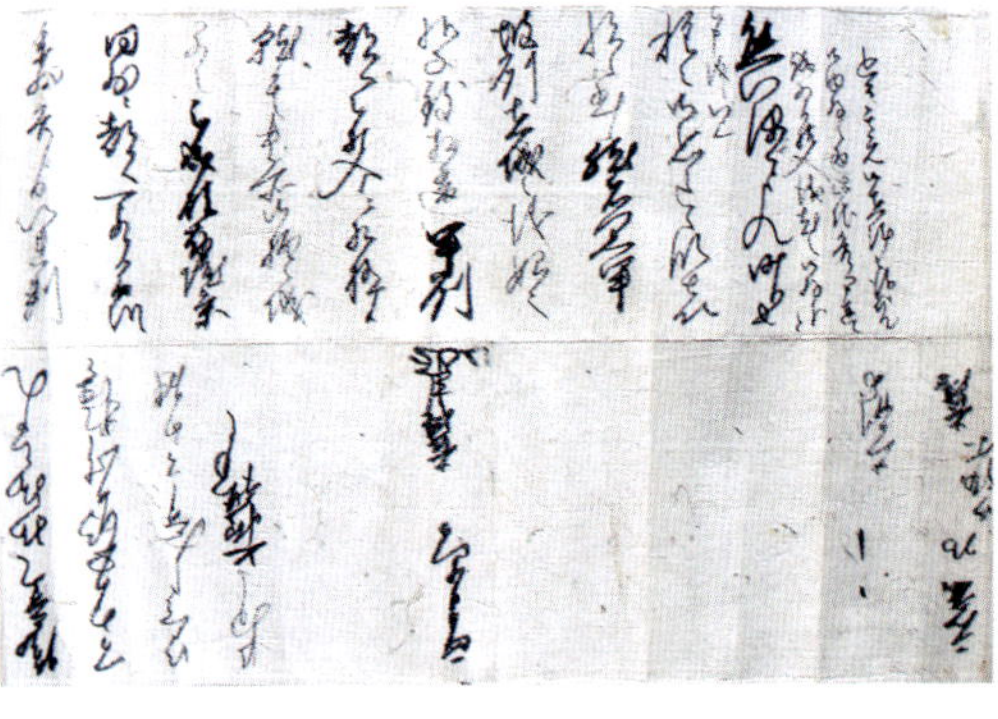
（文禄2年）正月18日付け大谷吉継書状■「厚狭毛利家文書」山陽小野田市立厚狭図書館蔵

＊1碧蹄館の戦い■平壌を奪還したことにより勢いに乗った李如松率いる明軍と、小早川隆景をはじめとする日本軍の戦い。ここでの勝利により、両軍は講和交渉に向かうことになった。

参候て様子得御」意候刻、即時御事請　候段、一世之御芳」志、不及是非候、秀包へも御心得可被下候、」又御内衆たれたれ御手おわれ候哉、無心元候、」よしミとの、みよしとの、あまのとの、さわとの、」かやうの衆無異儀候哉、おそれなから此由被仰届候て」可被下候、以上、

一筆令啓拝候、仍昨日之御」苦労、誠不始于今儀共候、殊我等」申付候て後殿是又無比類御」手柄、不及是非候、其刻御出之」由候、余以くたひれ候間、黒甲へ」罷寄候て、不懸御目候、残多存候、」何も以面上可申承候、恐々」謹言、

二月十三日　　吉継（花押）

（『厚狭毛利家文書』）

（現代語訳）一筆差し上げます。さて、昨日の（幸州山城合戦での）ご苦労、いつものことではあります（が、お慰めいたします）。ことにわれ（吉継）らの指示で「後殿」（しんがり、撤退陣の最後尾）をお引き受けいただき、比類《ひるい》なきお手柄をあげられたこと申し上げるまでもありません。その折（吉継の陣に）お出でいただいたとのこと、（しかし吉継は）あまりに疲れてしまい、黒田長政（黒甲）の陣営に合流しておりましたので、お会いできませんでした。申し訳ありません。いろいろお話したいことはありますが、直接お会いして申し上げようと思います。

＊2幸州山城の戦い■碧蹄館の戦いで李如松を逐った日本軍が、勝利の勢いに乗って権慄が拠る幸州山城を攻めた戦い。宇喜多秀家等が負傷するなど激戦となったが、城を落とすことはできなかった。

幸州山城跡■韓国・高陽市　写真提供：植本夕里

（追伸）なお、昨日前後のご様子については、閑斎（吉継の家臣「閑斎堅者」か）方へ届けられた書状で了解しております。皆で相談して（城攻めを）実行したことで、（撤退したのも？）あなたの不手際はないとのご趣旨、ご配慮感謝いたします。昨日拙者（吉継）がお伺いしてお話した件も即座にご了解いただきました。（吉継）一生忘れることのないことで感謝の言葉もありません。（小早川）秀包へもよろしくお伝えください。また、ご家来のうち、どなたが負傷されたのでしょうか。心配です。吉見《よしみ》（元頼《もとより》）殿、三吉《みよし》殿、天野《あまの》（元政《もとまさ》）殿、佐波《さば》殿、皆様お怪我はなかったでしょうか。お手数ですがお知らせいただきたく思います。

この書状にも、相手の心に寄り添うことばがみえる。しかし、これほどまでに心に響くことばはない。指揮官として、まずは撤退に追い込まれたことは悔やまれる。しかし、誰かにしんがりを任せてより多くの味方を助けなければならない。元康は快くこれを引き受け、吉継の期待に応えたのである。

　自分はくたびれてしまって黒田長政とともにあり、元康の復命をうけられなかったことを詫びる吉継のことばに偽りはない。そして、元康の家臣ひとりひとり名を記してその安否を問うのである。軍奉行として、元康の家臣らを謁見する機会も過去にあったのだろう。元康はもちろん、その家臣たちは吉継のことばに落涙したの

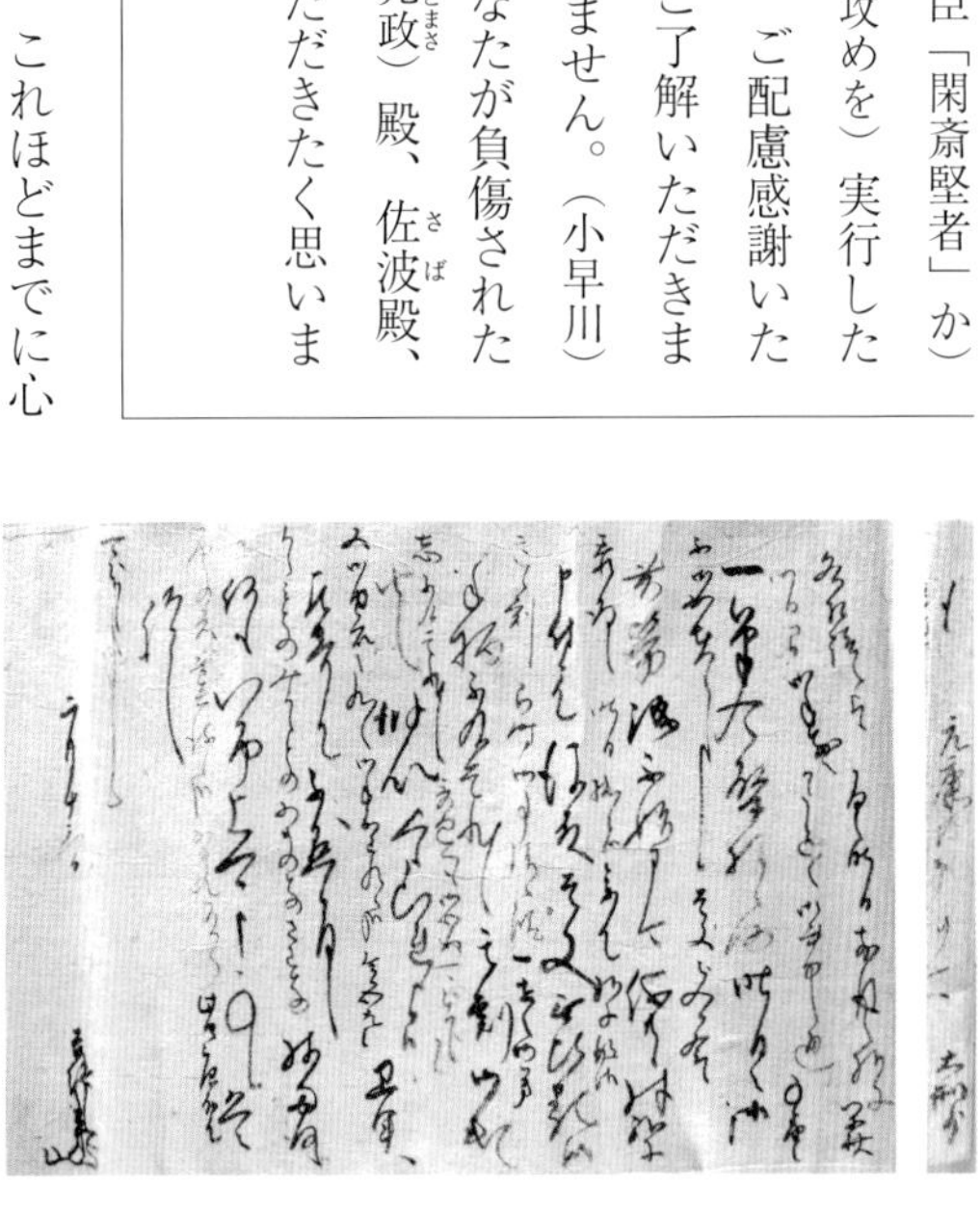

（文禄2年）2月13日付け大谷吉継書状■「厚狭毛利家文書」山陽小野田市立厚狭図書館蔵

ではなかったか。

文禄二年三月、明軍の急襲により食糧庫を焼かれた日本軍は、講和へ動き出す。明皇帝と秀吉、それぞれにまったく異なる講和条件を期待しているなかでの交渉である。落ち着いたところは、明皇帝には日本が降伏したと伝え、秀吉には明が降伏したと伝える、いまここでその詳細を述べることはしないが、偽装に満ちた講和条件を携えた使者がそれぞれに立てられたのである。

五月、石田、増田とともに、吉継は明の勅使《ちょくし》をともない帰国した。七月には明の勅使とともに釜山に戻ったようであるが（『島津家文書』）、閏九月、名護屋に戻る（『駒井日記』）。そしてしばらくは、偽装も効果を維持していたが、最終的に、文禄五（一五九六）年九月、明皇帝から秀吉を日本国王として認め、金印《きんいん》を授けるという任務を帯びた勅使が来日するに至り、偽装は破れ、秀吉は激怒して再派兵が決定するのである。

吉継がこの偽装に満ちた講和交渉にどの程度参画していたのかは未詳である。しかし、これから述べるように、朝鮮から帰国してまもなく、病の重症化により隠退を決意し、朝鮮再派兵の折にはすでに秀吉の傍らには居なかったのである。

碧蹄館合戦（部分）■福田眉仙画

『絵本太閤記』に描かれた「明使伏見の城に到る図」■当社蔵

第三章
病との共生、そして関ヶ原

■草津湯治と吉継の病■

文禄三（一五九四）年十月、吉継は上野国《こうずけ》（現群馬県）の草津《くさつ》温泉にいた。吉継がいつから湯治に来ていたかは不明であるが、天正十八（一五九〇）年の小田原の陣以降、奥羽仕置、朝鮮出兵と、休息の暇もなく激務の日々であった。そして、吉継は深刻な病の進行を感じていたようだ。

草津ゟ令帰着付、早々御飛札、忝奉存候、湯治弥致相応候間、乍恐御心安可被思召候、近日　御成之旨、尤目出度存知候、永之御普請御太儀奉察候、拙者事、於爰元今少加養性、軈而可罷上候条、其節相積儀旁可得御意候、此等之趣御心得所仰候、恐々謹言、

眼相煩候間、乍慮外印判ニて申上候、

大谷刑部少輔

吉継（印）

（文禄三年）十月朔日

現在の草津温泉の様子■古くから名湯として知られた温泉で、林羅山により日本三名泉に数えられている。戦国武将も数多く訪れており、数々の伝承が残る　群馬県草津町

直江山城守殿

（現代語訳）草津より帰着（越後？）されて早々のお手紙をいただき、感謝しております。（草津での）湯治は大変心地よく、効果も期待できそうです。恐れながらその点はご安心ください。近日、（秀吉が上杉景勝邸に）御成《おなり》することが決まったとのこと、お慶び申し上げます。また、長期の普請《ふしん》（上杉邸工事）はご苦労されたことと存じます。わたくしは今少しここで養生しますが、ほどなく京に戻ります。その折、積もるお話をさせていただきたく存じます。これらの趣を御心得下さいますよう。眼を煩い（花押が据えられませんので）、ご無礼とは存じますが印判にて失礼いたします。

これは、直江兼続《なおえかねつぐ》（山城守）が届けた吉継の様子を問う書状（「飛札」）に対する返書（右筆書）である（『吉川金蔵氏所蔵文書』、『新潟県史』資料編5・中世三、『温泉草津史料』第一巻は「東京都根本謙三氏所蔵」とする）。文面に、豊臣秀吉が京の上杉景勝邸を訪問（「御成」）することが決まったとあることから、文禄三（一五九四）年の書状と確認できる（訪問は十月二十八日実施）。直江と吉継は、奥羽仕置をはじめ協働する機会も多かった。直江は石田三成と同年齢

直江兼続肖像■「集古十種」当社蔵

直江兼続の所用と伝わる浅葱糸威錆色塗付札二枚具足■宮坂考古館蔵

『関ヶ原合戦図屏風』に描かれた大谷吉継■確たる吉継の肖像画は残っていないが、関ヶ原合戦を描いた屏風・絵巻類は、本画像のように病体で描かれていることが多い。ハンセン病かどうかはわからないが、何らかの病を発症していたことは間違いない　敦賀市立博物館蔵

と伝えられるから、吉継より五才年長ということになる。しかし、なにより注目すべきは、吉継が眼を煩っているので印判で失礼すると記していることである。

　吉継の病については、これまでハンセン病という理解が普及している。そして、草津温泉とハンセン病とのかかわりも深い（国立療養所栗生楽泉園ホーム・ページなど参照）。『温泉草津史料』は右の吉継書状に並べて、『顕如上人貝塚御座所日記』天正十四年（二月廿一日）条を引いている。いわゆる「千人斬り騒動」の記事である。

　近ごろ「千人斬り」と称して、大坂町中で「人夫風情ノモノ」が多く殺害されているというが、これは「大谷紀之介ト云小姓衆」が*「悪瘡《あくそう》」に悩み、千人を殺してその血を舐めれば平癒するというので、（人に命じて）やらせているという噂だった

大谷吉継の陣■上の図とは少々描かれ方が異なる　彦根城博物館蔵

が、真犯人が捕らえられ、大谷への嫌疑は晴れたという趣旨で、吉継のハンセン病罹患を示す史料と評価されている。

ここで注目しておくべきは、「千人切」の首謀者が誰かということでも、千人を殺してその血を舐めれば「悪瘡」が平癒するとの説の信憑性でもない。なによりこの風説が、「大谷紀之介」、すなわち吉継が「悪瘡」を患っているということが、世上に流布していなければ維持できないということである。天正十四年に吉継は二十一歳。吉継の病が若年から発症していたとすれば、以降十数年、病と共生していたことになる。

＊悪瘡■たちの悪いはれもの。

■太宰府天満宮に奉納した鶴亀文懸鏡■

吉継が草津湯治に出かける一年余り前の文禄二（一五九三）年九月、第一次朝鮮出兵（文禄の役）からの帰還前後の時期に、吉継は家族とともに太宰府天満宮に一対の懸鏡を奉納している。すでに述べたように、鏡面には、吉継の家族の名が鋳出されている。すなわち、「東」（＝母親東殿）「小石」「徳」「小屋」（記名順）で、いずれも女性名である。

これら女性名のうち、「小屋」（コヤ、こや）については、吉継の妹であり（『華頂

太宰府天満宮■菅原道真を祭神とし、各時代を通じて有力者の信仰を集めた　福岡県太宰府市

真田信繁肖像■真田昌幸の次男で、大坂の陣の際に大活躍をしたことで知られる。秀吉麾下での真田一族は、石田三成や大谷吉継といった政権中枢の実力者と盛んに縁戚関係を結んでいる　上田市立博物館蔵

要略』門主伝、天正二十年六月十三日条）、興正《こうしょう》寺《じ》坊官下間頼亮《らいりょう》（美作守）の「内義《ないぎ》」（『（九条）幸家公記』、元和《げんな》九年五月廿三日条、図書寮叢刊『九条家歴世記録』四）であることが判明している。しかし、「小石」「徳」については素性を知る史料に恵まれない。

ただ、吉継が奉納した鏡の銘文に連名であらわれ、母親「東」と、妹「小屋」の間に刻まれるのであれば、まずは吉継の家族と考えられる。そして、母と妹が確定したのであるから、「小石」「徳」は、吉継の妻と真田信繁《のぶしげ》（幸村）に嫁いだとされる娘である可能性が高い。文禄二年に吉継は二十九歳であり、従五位下刑部少輔の官途《かんと》を帯びる武家の格式として、妻がないとは考えられない。

次に、男性の名がないことについては、すでに染谷光廣が、東殿がすでに夫と死別していた証左としている（染谷一九八六）。これは、『天台座主記』にみえる「寺

江戸時代の錦絵に描かれた真田大助■大助は真田信繁と大谷吉継の娘竹林院殿との間に生まれた子で、信繁が高野山に配流時に九度山で生まれたとされる。豊臣秀頼が徳川幕府に対して挙兵すると、父信繁とともに大坂城に入城した　個人蔵

真田信繁・大助の供養塔■信繁は大坂夏の陣で戦死、大助も同陣で豊臣秀頼に殉じて自害した。本供養塔は大正時代に建立されたものである　長野県長野市・長国寺境内

家執当後家東」と、吉継母東殿を同一人と考える筆者の説と矛盾しない。しかし、もうひとつ、文禄二年に男子もいなかったのである。そのうえ、関ヶ原合戦に取材する軍記類に大学助《だいがくのすけ》、木下頼継《きのしたよりつぐ》という養子の名前しか確認できないことを勘案すれば、吉継には最終的に男子（実子）はなかったと考えるのが穏当である。

病と共生しながら、秀吉政権のなかで枢要な位置を占めることを通じて「武家大谷氏」を興した吉継である。後継者をつくらなければ早くも存続の機を失うことになる。草津湯治で身体を休め、回復への希望をつなぎながら、「武家大谷氏」の未来も着実に構築しつつあった。

吉継の娘（以下、追号の竹林院《ちくりんいん》を用いる）が真田信繁と婚姻を結んだのは、草津湯治と同じ文禄三年のことと推定されている（平山優二〇一五など）。もちろん、婚姻そのものは秀吉の差配によるいわゆる政略結婚である。したがって、吉継が永禄八（一五六五）年生まれ、真田信繁が永禄十（一五六七）年、ないし同十三（一五七〇）年生まれとされるから、年齢差は最大で五つである。この両者に婿舅関係が成立したことや、信繁と竹林院の間に大きな年齢差があったとしても問題にはならない。

竹林院は、信繁の長男、すなわち大助《だいすけ》（幸昌《ゆきまさ》）を含め、少なくとも二男二女を産んだと伝えられる。すべて関ヶ原合戦後の誕生である。

大助は大坂の陣で豊臣秀頼《ひでより》に殉じて自刃するのであるが、『信濃史料』慶長十九年十月九日条（真田信繁父子九度山脱出）が引く『原文書』所収「蓮華《れんげ》定院《じょういん》覚書《おぼえがき》」（史

関ヶ原合戦図屏風に描かれた大谷吉勝（大学助）と木下頼継■彦根城博物館蔵

料名は筆者による）は、「大助」を寅年生まれと記している。これを採用すると、慶長七（一六〇二）年の誕生で、大坂の陣での死没時には十四才となる。ちなみに養子大学助も、大坂の陣では真田信繁の旗下にあり、戦死したと伝えられる（『難波戦記』など）。

吉継は孫の顔を見ることができなかったようである。しかし、孫娘にあたる女性たちが大坂の陣後も生き抜き、吉継の血脈を後世にのこしたことは疑いない（平山優二〇一五、外岡二〇一六）。

伏見吉継邸の饗宴は養子大学助のお披露目

慶長二（一五九七）年九月二十四日、秀吉・家康らが伏見の吉継邸を訪ね、深夜に及ぶ饗宴が催された。その接待は豪勢なるもので、「数奇屋《すきや》」での茶に始まり、茶会が終わると広間で進物《しんもつ》の披露があった。当日の列席者はもとより、北政所や淀《よど》殿《どの》、秀頼らへの華美な進物が披露された。この饗宴の様子を記録した禅僧有節瑞保《うせつずいほう》は、「刑少一分之領知六万石歟、過分之進上也」（吉継の領知は六万石、身の程を越えた進物だ）と記した。その後、午刻《うまのこく》に御膳《ごぜん》があり、本因坊《ほんいんぼう》（算砂《さんさ》）を交えた囲碁《いご》対局に時を移し、夜の更けるまで饗宴は続いたという（『鹿苑日録《ろくおんにちろく》』）。

『絵本太閤記』に描かれた「淀君」■浅井長政と織田信長の妹市の間に生まれた子で、秀吉の側室となり寵愛された　当社蔵

伏見桃山御殿御城図■秀吉の隠居所として築かれた伏見城を中心に、周囲に作られた諸大名たちの屋敷の様子を詳細に描く。豊臣家の政庁として重要な拠点となるが、秀吉の死後は、後継者秀頼が大坂城に移ったため徳川家康が入城し、ここで政務をおこなった。その後、関ヶ原の戦いの前哨戦として西軍に攻められ焼失したため家康によって再建されるが、元和５年（1619）に廃城となった　神戸市立博物館蔵

伏見城跡から出土の金箔瓦■京都市埋蔵文化財研究所蔵

さて、そのおり対応したのは吉継の養子大学助である。吉継は「刑少久しく所労なり、悪疾《あくしつ》たるをもって五六年出ず」とある。巻末の年表をみても、文禄四年〜五年（慶長元年）の情報がない。『鹿苑日録』の「五六年」を尊重すると、文禄二年に朝鮮から帰還した後に、事実上隠退したことになる。

『政事要略《せいじようりゃく》』などによれば、「悪疾」は「白癩《びゃくらい》也」とされ、前に述べた「千人切り」騒動の記事にみえる「悪瘡」も、同様の語義を持つことばとして中世史料（起《き》請文《しょうもん》の罰文《ばちもん》など）にみえる。吉継の病名を現代医療の水準で判定することはできないが、少なくとも吉継の病を、同時代の人びとが現代の病名でいうハンセン病と認識していた可能性が高いことがここでも確認できる。

そして、この饗宴の目的が、吉継の後継者として大学助をお披露目することにあったことも明らかである。天下人秀吉と、これに対抗しうる唯一の存在である家康。その両者を賓客《ひんかく》として迎え、大学助の粗相のない対応と過分な進物の披露。各界名士が集い、「武家大谷氏」の世代交代を祝う。吉継にとっては畢生《ひっせい》の饗宴であった。

ところで、この饗宴の二か月ほど前、朝鮮陣中の島津義弘《よしひろ》から書状が届いた。

尚以、遠路被入御心、」御音札、忝存知候、以上、

去五月廿三日之御状、今」月九日、於伏見ニ来着、具」拝見申候、殊為御音信、」沈香壹斤、被懸御意候、」遠路御志之段不浅候、」随而至高麗賀徳嶋ニ」御在陣之由、御苦労致推量候、如仰、赤国」表御働之儀、石治少」無渡海ニ付、御手

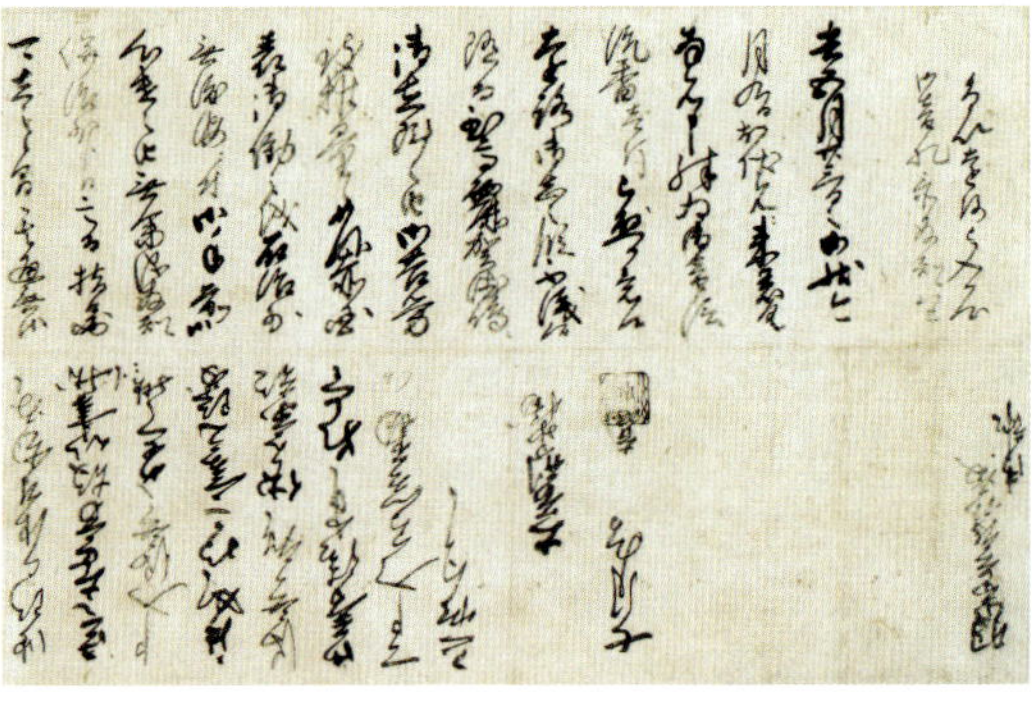

（慶長2年）7月9日付け大谷吉継書状■
「島津家文書」東京大学史料編纂所蔵

前御」心遣之由、無余儀存知候、」併治少ゟ定而指図」可在之候間、其通無御」油断被仰付尤存候、」寔遠方故、以書状も」申入儀無之、如在之様ニ」罷成候、将亦、爰元珎敷」儀無御座候、伏見・京都」御普請半候、猶追々」可申入候間閣筆候、」恐惶謹言、

（慶長二年）七月九日　　大谷刑部少輔

吉継（印）

羽柴兵庫頭殿（島津義弘）

御報

（『島津家文書』）

（現代語訳）去る五月二十三日の書状が今月九日に伏見に着き、詳しく拝見しました。贈り物として*沈香《じんこう》一斤をいただきました。遠路よりの深いお心遣いに感謝します。さて、高麗《コリョ》賀徳島《カトクト》に御在陣とのこと、御苦労されていると思います。仰せのように、赤国《せきこく》（全羅道《チョルラド》）での戦闘については、石田三成が渡海していないこともあり、あなたの（責任が重く）気苦労を重ねていると思います。しかし、三成から必ず指図があると思いますので、油断なくこれを実施されるのがよろしいでしょう。まことに遠方なので、手紙を差し上げることもなく、なおざりにしているような状態になってしまいました。そのうえ、（陣中を慰める）喜ばしい出来事もありません。伏見・京都の再建は半ばです。なお、追々書状を差

＊沈香■インドから都南アジアにかけ分布する常緑高木。材は香木として珍重され、同材から香料が精製された。

『絵本太閤記』に描かれた「太閤大佛の崩れしを罵りたまう図」■慶長伏見地震の被害の大きさを表した図である　当社蔵

し上げますので、今はここまでで筆をおきます。
（追伸）遠路の贈り物、本当にありがとうございました。

右の書状は義弘への返書である。伏見で静養中とはいえ、吉継には気の休まる暇はなかったのかもしれない。右の文面にもあるように、文禄五年閏七月の大地震（慶長伏見地震。慶長改元は十月）で被災した京・伏見の再建は道なかばであり、朝鮮在陣中の武将からの相談にも応じなければならなかったのである。

義弘の書状にどのようなことが書かれていたかを知ることはできないが、義弘の苦衷は文字・行間にあふれていたのではないか。追々手紙を書くと言っているものの、到着まで一カ月余りかかる現状で、どこまで義弘の期待にこたえられるのか、吉継としても自信がなさそうな様子である。

■秀吉の死、三成の失脚■

慶長三（一五九八）年八月、秀吉が死去し、秀吉の遺言によって、五大老《ごたいろう》・五奉《ごぶ》行《ぎょうせい》制とも呼ばれる集団指導制による豊臣政権の運営が開始される。

当面の課題は、朝鮮出兵中の諸将を無事に帰国させることであった。しかし、も

豊臣秀吉を祀る豊国神社■大坂の陣で豊臣家が滅亡すると、秀吉に与えられた「豊国大明神号」が剥奪されて同社も廃絶されたが、後に明治時代になって復興された　京都市東山区

とより石田三成ら奉行衆と前線にあった諸将たちの間には、第一次出兵以来の確執があった。戦いに勝ち、占領した地域はいわば成功報酬として諸将に与えられるべきとする諸将と、知行割は秀吉の専権であり、独断専行の占領経営は許されないとする三成らとの主張とはかみ合わない。

戦争の進め方についても奉行衆の指示を聞かず、独歩する武将も少なくなかった。諸将の帰還が成ると早々に双方が対立して、集団指導制の根幹を揺るがせた。

徳川家康は、これら争論を仲裁する中心にあったが、こうした行為を通じて集団指導制内部で家康の影響力が増すことを警戒する石田三成らは、家康の暗殺も企図したようだ。

慶長四年正月、三成による家康暗殺計画が未遂に終わる。『当代記』は、「大谷刑部少、内府（家康）方江荷担之間、彼組之衆（石田与党）多以同之」と記す。吉継は家康方に「荷担」し、その結果、石田方に与するはずであった武将たちも多く吉継に倣ったというのである。『当代記』は家康周辺で成立した書で、その叙述を全面的に信頼することは困難としても、豊臣政権の中枢から一度は遠ざかった吉継の影響力が、なお健在であることを推し量る材料として扱うことができる。

ところが、同年閏三月、三成が家康の対抗馬として期待を寄せていた前田利家《まえだとしいえ》が死去する。福島正則・黒田長政ら七武将による石田三成襲撃事件がおこるのは、利家の死後まもなくのことであった。その結果、家康の独走を恐れ、それゆえに家康

前田利家の墓■織田信長の重臣であり、賤ヶ岳の戦いでは柴田勝家方に付くも、秀吉に降伏を許され麾下に入った。秀吉政権下では大老に任じられるなど重用され、秀吉の没後は秀頼の後見役となった　石川県金沢市・野田山墓地

暗殺も画策した石田三成が政権から逐われることになる。この事件に関わり、重要な吉継の書状がのこる。

以上

昨日者度々御使忝存知候、今」度者種々之御苦労故、無異」儀相済候て、天下
御静謐、上下之」大慶不過之御事候、去とてハ」御尤之御曖共、併御心尽之段、」
可申上様無御座候、最以参上申」上度候へ共、御存知之躰候条、無」其儀候、
何も面上之節、相積儀」可得御意候、恐惶謹言、

閏三月九日　吉継（墨印）

（充所欠）

（『大阪城天守閣所蔵文書』）

（現代語訳）昨日は何度も使者をお送りいただきありがとうございました。今度のこと（諸将による石田三成襲撃事件）ではいろいろご苦労をおかけしましたが、無事におさまり、天下が乱れることもなく皆喜んでおります。それにつきましても、適切なご仲裁と（事後の）配慮、御礼の申しようもございません。本来であればそちらにお伺いし（て御礼申し上げ）なければならないのですが、ご存知のような状態（病身）で、できません。今後、お会いする機会がございましたら、いろいろご相談させていただきたく存じます。

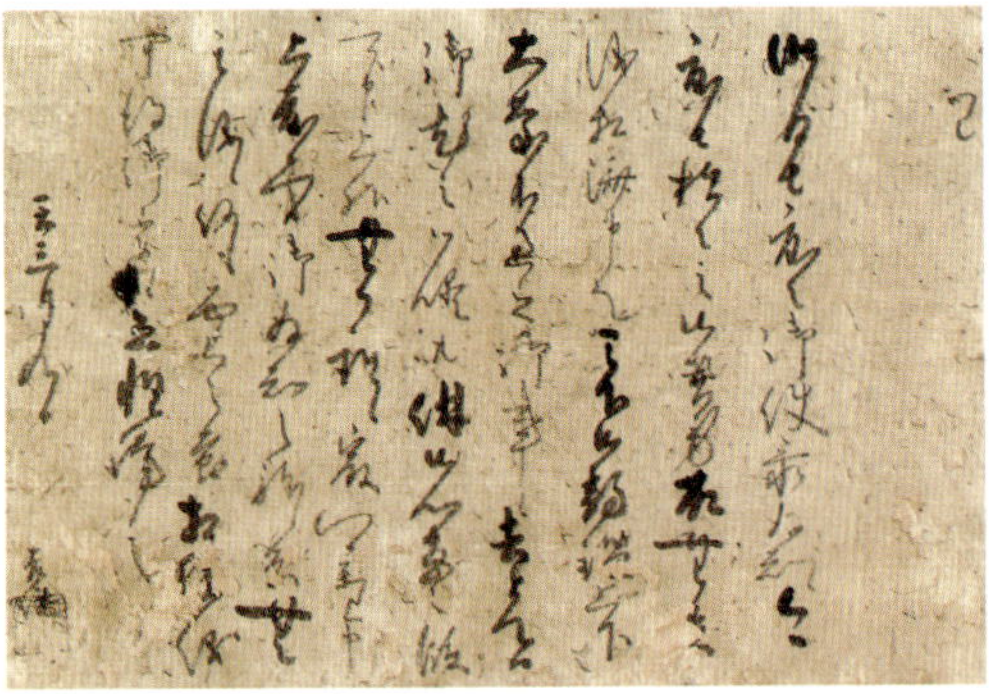

（慶長４年）閏３月９日付け大谷吉継書状■大阪城天守閣蔵

閏三月とあることから、慶長四年とわかる。そして、九日は、福島正則・黒田長政ら七将による石田三成襲撃が、家康の仲裁によって未然に収められ、三成の佐和山隠退が決定した翌日にあたる。充所《あてどころ》は家康本人か、あるいは家康周辺にあって仲裁の実際を担った人物と推定される。

七将による三成襲撃は、前田利家の死で集団指導制のパワー・バランスが崩れ、石田三成・毛利輝元らと徳川家康との対決が必至となるなかで、毛利・石田らの軍事行動もまた用意されていたこと、吉継は毛利に石田への加担を止めるよう進言するなど、軍事行動には消極的であったことが指摘されている（光成準治二〇〇九）。

吉継がおもに家康（その周辺）と調整に及んだ主題は、おそらく三成の処遇であろう。後世の書であるが、浅羽成儀『慶長見聞書』に、佐和山で三成から家康打倒の兵を挙げる決意を聞かされた吉継が、これを諫めることばに、「貴殿は諸人から憎まれ、いよいよ腹を切らされるところまで追い込まれたとき、私がいろいろ手を尽くして家康にとりなしを頼み、今まで生きてこられたのだ。今また事を起こせば、去年（貴殿を襲撃し）積年の恨みを晴らそうとした者たちは皆敵になる」（現代語訳）とある。浅羽が右の吉継書状をみたとはおもえない。今は逸失し、原書にあたることのできない覚書・聞書類によって記述したと考えられる。おかげで、吉継の動きが鮮明になる。

こうして七将による三成襲撃（あるいは石田・毛利らと徳川の戦争）が、吉継と家

福島正則肖像■秀吉子飼いの大名で、数々の合戦で武功をあげた。朝鮮出兵時の対応をめぐって石田三成ら文官と対立し、帰国後、加藤清正らと三成を襲撃した　長野県高山村・高井寺蔵

康との連携によって未然に収められた。家康主導の豊臣政権の危機管理能力が発揮されたのである。家康は佐和山に退く三成の護衛に、子息結城秀康《ゆうきひでやす》（堀尾吉晴《ほりおよしはる》とも。軍記類により異なる）をつけたといわれる。

■「白頭」署名復活の意味■

吉継は三成の失脚に前後して、宇喜多《うきた》騒動、庄内の乱など、豊臣大名家内部の紛争案件にも家康と連携し、その収拾に対応している。それぞれここで詳しく述べることはしないが、宇喜多騒動は宇喜多秀家《ひでいえ》の側近衆（長船剛直《おさふねたけなお》・中村刑部《なかむらぎょうぶ》ら）と戸《と》川達安《がわみちやす》・宇喜多詮家《あきいえ》（坂崎直盛《さかざきなおもり》）ら重臣との対立、庄内の乱は島津忠恒《ただつね》が重臣伊集院忠棟《ただむね》を殺害したことを機に、その子忠真《ただざね》が国元で挙兵した事件である。

宇喜多騒動の収拾後に戸川達安・宇喜多詮家らが家康の臣下に属したことや、庄内の乱の影響で、その後島津義弘が伏見城攻撃以降の戦いにおいて兵力不足を嘆くことになることを根拠に、もとより家康主導の紛争処理のなかで、家康有利の裁定をしたのではないかと考えることもできる。しかし、関ヶ原合戦の結果を知ったうえで、秀吉死後の政情をすべて家康勝利に続く家康の策略として理解する、いわば「家康腹黒論」でまとめることはできないだろう。秀吉という大きな存在を失うな

関ヶ原合戦図屏風に描かれた宇喜多秀家の陣■関ヶ原町歴史民俗資料館蔵

かで、家康も人生の岐路を前に迷い、悩むひとりであったと考えたい。

同じ意味で、秀吉の死後、とくに三成失脚後の吉継の動きが、関ヶ原合戦で三成とともに戦う姿と矛盾していることに違和感を覚える必要はない。吉継もまた迷い、悩んでいたのである。もとより病身の身で、どこまでできるのかという不安をかかえながらのことである。

徳川家康銅像■静岡市・駿府城跡

慶長五年にはいると、吉継の発給文書に変化があらわれる。「白頭」署名の復活である。それぞれ月日付のみの書状で、後世の写本《しゃほん》による検出も含まれるが、まずは表に加えた。すべて慶長五年に比定できる。なかには「入道」（あるいは「大刑少入」など）と記す書状もある。吉継が出家したとの記事を諸史料にみいだしていないが、隠退した立場で自由に動けるという観点からして、出家入道も違和感はない。ただ、「白頭」は出家名（法名《ほうみょう》）ではない。すで

江戸城跡■徳川家康の本拠で、関東地方統治の拠点であった。右の石垣は現存の江戸城で一番古いものとされる　東京都千代田区

に天正十一年に使用しているからである。

天正十一年と慶長五年。秀吉側近としてのデビューの年と、関ヶ原合戦で自刃する年にのみ「白頭」署名が確認されることは意味深長である。もちろん、今後、天正十一年以前の吉継発給文書が発見され、ここに「白頭」以外の署名があることが確認される可能性は否定できない。また、慶長五年に「白頭」署名を復活させた段階で、この年のうちに自刃して果てることを予測していたわけでもないだろう。しかし、そうであればこそ、「白頭」署名の復活は、吉継の何らかの意思表明であると考えざるをえない。

これは、吉継の「再起動」を意味するのではないか。秀吉を喪い、三成もいない。家康の真意もまだ測れない。豊臣政権の分裂を避けなければ、吉継の希望である秀頼政権の樹立は困難になる。当面は家康の側近衆と呼ばれることも辞さない覚悟で仕え、家康の心の動きをいち早くとらえて、秀頼の未来をさえぎる危険を察知したい想いが吉継にはあったのではないか。

表　白頭署名文書一覧

年		月	日	文書名	署名	充　所	内　容	史　料　名
天正11	1583	4	16	書状（添状）	大谷紀介白頭（花押）	吉村又吉郎	（賤ヶ嶽）合戦、秀吉軍近況	吉村文書
		12	23	書状（添状）	大谷紀之介白頭（花押）	御西堂、称名寺	寺領安堵	称名寺文書
慶長5	1600	3	5？	書状	白頭（印）	（欠、彦山？）	使者を（3/5付豊臣氏奉行人連署状を託し？）遣わし、後事を調整	高千穂宣麿氏所蔵文書（東京大学史料編纂所台紙付写真）
		3	29	書状	白頭吉継（印）	桑法（桑山重晴）	生塩鯛礼	護念寺文書
		4	26	連署状	大谷刑部少輔入道白頭（印）榊原式部大輔康政（花押）	羽久太（堀秀政）	前田利長家老四人証人として江戸下向、伝馬・人足等依頼	堀家文書幷系図
		7	29	書状	白頭（印）	羽兵入（島津義弘）	酒宴礼、使者応答不能の詫び	島津家文書
		7	30	書状	白頭（印）	真安房守（真田昌幸）左衛門佐（真田信繁）	大坂情勢、真田人質安堵、家康打倒挙兵与力要請	真田家文書

■吉継の決断、伏見城攻め■

慶長五（一六〇〇）年七月、上杉景勝制圧のため出陣した徳川家康の軍に加わるため、敦賀を出た吉継は、石田三成の使者に誘われて佐和山に立ち寄り、ここで家康打倒の挙兵に合力《ごうりき》を依頼されたといわれる。吉継は三成の無謀を責め、三成の子息隼人正《はやとのかみ》（重長《しげなが》）を会津にともない、景勝と家康の和解を促すために病身をおして行くつもりだと述べたと伝えられる（『慶長見聞書』『慶長軍記』など）。軍記類の所伝ではあるが、吉継の真意と遠くない叙述なのではなかろうか。

しかし、三成の申し出に数日（軍記類により日数は異なる）熟慮した吉継は、三成に賛同し合戦に臨む。勝算を量り、手立てを探る。三成は政権から放逐された身である。合戦の大義をどうつくるかも、考えなければならなかった。

七月十七日、奉行衆の長束正家・増田長盛・

石田三成肖像■秀吉が近江国長浜城主であった頃に仕官し、以後は側近として重用された。豊臣政権下では奉行衆の筆頭格に任じられるなど、吏僚として重きをなし、秀吉の死後は反家康派の旗頭となり、関ヶ原の合戦で敗れ斬首された　長浜城歴史博物館蔵

佐和山城跡■戦国期には六角氏や浅井氏など所有者が転々としたが、豊臣政権下で石田三成の居城となった。関ヶ原後は井伊直政が入城するが、彦根城の築城に伴い廃城となる　滋賀県彦根市

前田玄以《まえだげんい》の連署で「内府《ないふ》ちかいの条々」が作成され、諸大名に配布された。秀吉死後の家康の行動を、秀吉の遺言に背くものとして糾弾する内容で、上杉景勝を討つとして家康がおこした軍事行動も、根拠のない行為として切り捨てている。
同じ日、秀頼を推戴する二大老（毛利・宇喜多）・四奉行（石田・長束・増田・前田）体制が樹立され、家康の留守居は大坂城から出されて、豊臣政権の主導権が毛利・石田らに移行したことも指摘されている（布谷陽子二〇〇七）。事実であればクーデターである。

翌十八日以降、伏見城攻撃が開始される。吉継も攻撃軍に加わっている。そして、落城寸前となった伏見城を傍目に、吉継は島津義弘に招かれ大酒に及んだようだ。

態令啓達候、昨晩者被召寄、」種々御懇之儀共誠此中候、散窮」屈忝奉存候、以外大御酒を被下、」于今ふせり在之事候、今朝者」早々預御使者、過分至極ニ存候、」自是も早速可申上処、沈酔」故御報迄ニ罷成恐入候、先為」御礼企一札候、尚追々可得御意候、」恐惶謹言、

（慶長五年）七月廿九日　　白頭（墨印）

「　大刑少

（切封）羽兵入様人々御中　白頭」

（『島津家文書』）

（現代語訳）書状を差し上げます。昨晩はお招きをいただき、心のこもったお

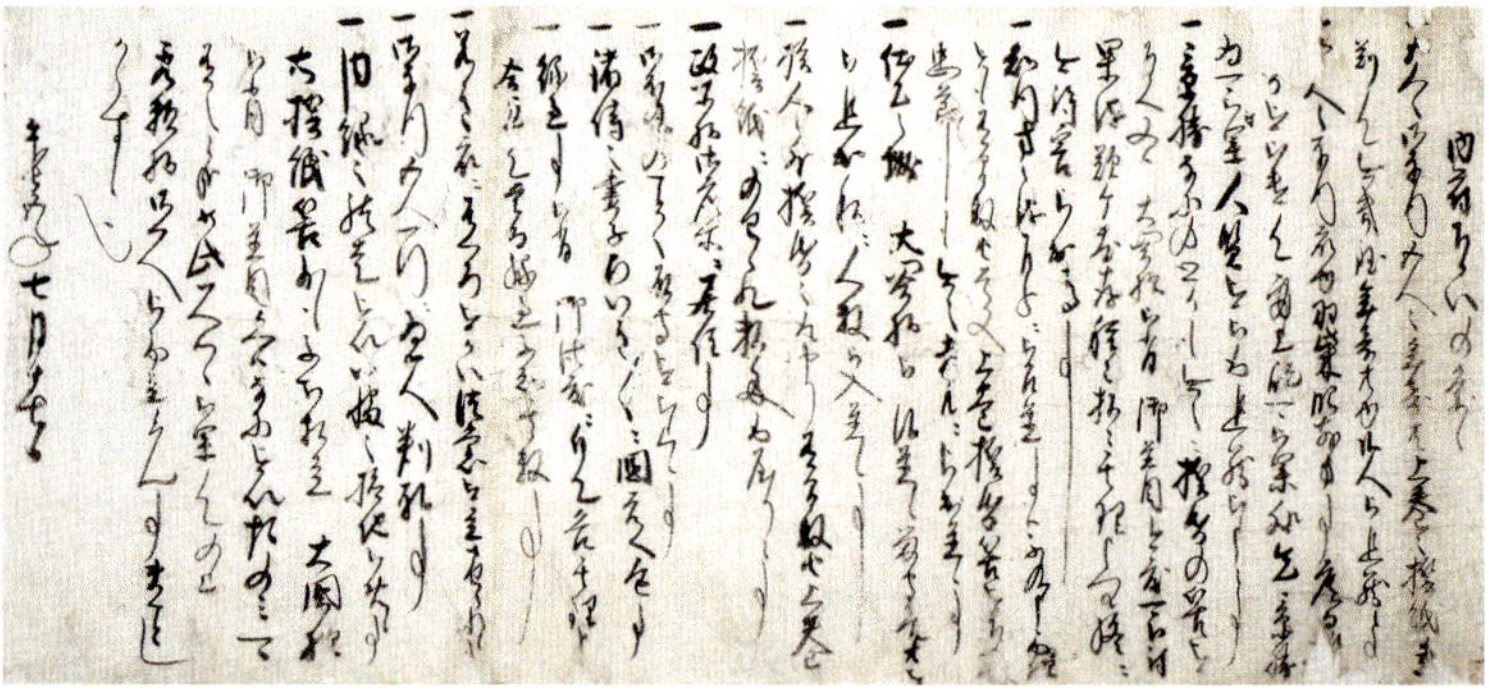

「内府ちかいの条々」■徳川家康が上杉景勝征伐のために京都を離れた隙をついて、家康を弾劾するために石田三成らの

もてなしをいただきました。（おかげさまで）気晴らしができました。ありがとうございます。過分の大酒をいただき、今も寝込んでおります。今朝も早々にご使者をお遣わしいただき、まことにありがとうございます。早速にもお答えしなければならないのですが、沈酔してしまい、とり急ぎ、（昨日の）お礼状のみお届けいたします。追々またご相談いたします。

二人の間でどんな会話があったのか、正確にはわからない。しかし、義弘は、庄内の乱の影響、兄義久との意見の相違により、国元から援兵が得られないでいた。そんなことを含め、今後の戦いについて吉継に問い、勝算を尋ねたと想像される。吉継にも難題が突き付けられていたのかもしれない。吉継はこの書状で、二日酔いが重く使者に対応できないと詫びているが、実は回答を先延ばしにする良い口実が沈酔だった可能性もある。

吉継が大坂から信濃の真田昌幸・信繁にあてて、伏見落城が近いこと、大坂城から家康の影響力を取り除いたこと、真田の人質（信繁の妻＝吉継の娘を含む）は吉継が受領したことなどを述べて、合力を依頼する書状を認めたのは、翌三十日のことである（『真田家文書』）。すでに、北陸では前田利長《としなが》の軍勢が南進をはじめていた。吉継はこれへの対応も急がねばならなかった。

策で各所に送った檄文。写しが各所に残されている。大阪歴史博物館蔵

前田利長肖像■利家の子で、利家の跡を継ぎ金沢を領した。関ヶ原では家康方に付き、江戸幕府の下で加賀藩の太守となった。子がなかったため利常を養子とし、自身は越中国富山に移って隠居し、後に高岡城で死去した　魚津歴史民俗博物館蔵

■越前に戻り前田軍を退却させる■

八月一日、伏見城が落ちる。その同日、敦賀へ戻る準備をしていた吉継のもとに、毛利輝元から書状が届く。

猶々山口玄蕃所へ書状遣之条、相届候やうに憑申候、以上、

御帰城之由候条令申候、其堺之趣被仰越度候於御手前者、不可有御由断旨、其段不及申候、

一伏見松丸昨夜乗捕候条、本丸之儀、落去者不可有程候、於様子ハ追々可申入候、

一治少夜前被罷越申談候、於様躰者自各可被申候、

一従東国到来候趣、是又増右可被申入候条、不能申候、猶追々可申承候条、令略候、恐々謹言、

八月一日　芸中

輝元（花押）

大刑少

御宿所

（岩瀬文庫『類聚文書抄』）

（現代語訳）ご帰城（敦賀へ）されるということですので、お伝えします。北国

「洛中洛外図屏風」右隻に描かれた伏見城（部分）■本図は豊臣期の伏見城を描いたものとされている　尼崎市教育委員会蔵　写真提供：大山崎町歴史資料館

（「其堺」）の情勢をお知らせ下さい。あなた（吉継）が油断なく対応されることはいうまでもありません。一、伏見城松丸を昨夜落とし、本丸もほどなく落ちるでしょう。様子は追々伝えます。一、三成とも昨夜相談し、その内容については奉行衆（「各」）から報告します。一、東国から（軍勢が）向かっている様子も増田長盛が伝えるはずですので、ここでは申し述べません。今後も連絡を密にしていきますので、まずはここまで。（追伸）山口宗永《やまぐちむねなが》（玄蕃《げんば》）に書状を遣わしますので、届くようにしてください。

伏見城本丸がまだ落ちていない時刻に書かれた書状とみえる。吉継が大坂を発つのは一日の遅い時刻か二日のことと推定される。進路にあたる越前今泉浦《いまいずみうら》が受領した禁制《きんせい》の日付は八月二日である（『西野次郎兵衛家文書』）。文面をみる限り、輝元は主体的に行動し、吉継に指示を与えている。山口宗永が籠もる加賀大聖寺《だいしょうじ》城は八月三日に前田軍に破られ陥落。宗永らは自刃して果てるのであるが、輝元の書状が届いたのかは微妙である。

さて、吉継は越前に出陣し、越前国内に侵攻した前田利長軍を謀報により撤退させることに成功したと伝えられる。秀吉に御伽衆《おとぎしゅう》として仕えた中川宗伴《なかがわそうはん》（光重《みつしげ》、前田利家の娘婿）を拉致し、大谷軍には舟で金沢を攻略する別動隊があることを利長に伝える書状を届けさせ、これを信じた利長は撤収したというのである。小松城《こまつ》

鳥居元忠肖像■徳川家康の重臣で、多くの合戦に参加し手柄を立てた。石田三成等が家康の留守をついて挙兵した際には、元忠等が守備していた伏見城が前哨戦の舞台となり、十三日間の激戦の末、元忠等は討ち死にした。なお、討ち死にの際の床板は「血天井」と称され、京都市の養源院等、各地に伝えられている　栃木県壬生町・常楽寺蔵

の丹羽《にわ》長重《ながしげ》が、その前田軍を迎え撃った浅井《あさい》畷《なわて》合戦はその途次のことになる。多くの軍記類にみえる逸話で、江戸時代には普及していたらしい。加賀藩前田家ではお抱えの軍学者らを動員して、中川の名誉回復を試みている（『越登賀三州志』など）。

いずれにしても、前田軍は撤収し、吉継は大聖寺城を接収した。しかし、その後動いた形跡はない。石田三成が大垣《おおがき》城に入るのが十一日、吉継が大聖寺に兵を残して大坂に発つのが二十二日のことである。しかし、おそらくは岐阜《ぎふ》城陥落の報に接したのであろう。大坂には向かわず、二十三日、敦賀（疋田《ひきた》）で進路を変更して、美濃へ向かったといわれる（『慶長見聞書』など）。

そして、運命の地関ヶ原の西端、関ヶ原盆地と東山道《とうさんどう》を見下ろす高地に陣を構えたのは九月初めのことである。真田昌幸・信繁父子が上田《うえだ》城に徳川秀忠《ひでただ》軍を引きつけてこれを破る戦いもまもなく始まり、結局、秀忠は関ヶ原合戦にまにあわない。すでに前田軍も追い返した。あとは、豊臣恩顧の武将たちを主力とする家康軍だけである。吉継が描いた合戦の構図は、いよいよ仕上げの段階を迎えようとしていた。

■関ヶ原の誤算、そして自刃■

毛利輝元は、最終的に関ヶ原には来なかった。九月十二日付で石田三成が大坂の

山口宗永の供養塔■豊臣家家臣で、能登国大聖寺城主であった。関ヶ原の戦いにおいては西軍方につき、大聖寺城に籠城するも、前田利長の大軍に破られ子修弘とともに自害した。このほか慰霊碑も建てられている　石川県加賀市　写真提供：加賀市教育委員会

増田長盛に送った書状では、「中国衆《ちゅうごくしゅう》」（毛利軍）が「江濃《ごうのう》之《の》堺目《さかいめ》」（近江・美濃国境）、「松尾《まつお》之御城」に入ることが肝要であることが記されている（『古今消息集』）。輝元本隊の参戦を、三成も切望していたのである。ところが、松尾山に入ったのは小早川秀秋《ひであき》であった。ここに、関ヶ原合戦の帰趨が決まったことは、後世の評価が一致するところである。

　吉継は陣所を動くことはなく、合戦の指揮を大学助や平塚為広《ひらつかためひろ》に任せていたといわれる。吉継は小早川の裏切りを予測し、備えを整えていた。小早川の攻撃を大谷軍は繰り返し押し返す勢いを示したが、大谷軍の与力《よりき》であったはずの朽木《くつき》・赤座《あかざ》・小川《おがわ》・脇坂《わきさか》らも小早川軍に与同《よどう》したので、大谷軍は壊滅。おもだった家臣たちは討ち死にし、吉継も自刃した。大学助らは敦賀に戻り再起を期そうとしたが、敦賀城の留守居も不穏な動きを見せたため断念し、大坂に落ち延びたと軍記類は伝える。

　軍記類はまた、家康が吉継の陣所でその夜を明かしたと記している。いまだ敗残兵が家康の命を狙っているかもしれないという前提でいえば、陣所としての適格性がうかがえる。しかし、それだけであろうか。吉継と家康。それぞれの思惑を抱えての連携であったかもしれないが、秀吉死後の豊臣政権のなかで、この二人の協力なしに乗り越えられなかった課題も多い。最終的に敵となったが、それぞれに認め合う関係が構築されていたことも疑いない。夜襲を危惧しながらも、家康の心には吉継の魂を慰める想いも少なからずあったのではないか。ノーサイドである。

小早川秀秋肖像■秀吉の正室高台院の兄木下家定の子として生まれたが、秀吉の養子となり高台院に育てられた。その後、秀吉に子秀頼が生まれると、小早川隆景の養子となり、家督を継いだ。後の関ヶ原合戦では、西軍を裏切り東軍に内通し、大谷吉継と激戦を展開することになる　京都市・高台寺蔵

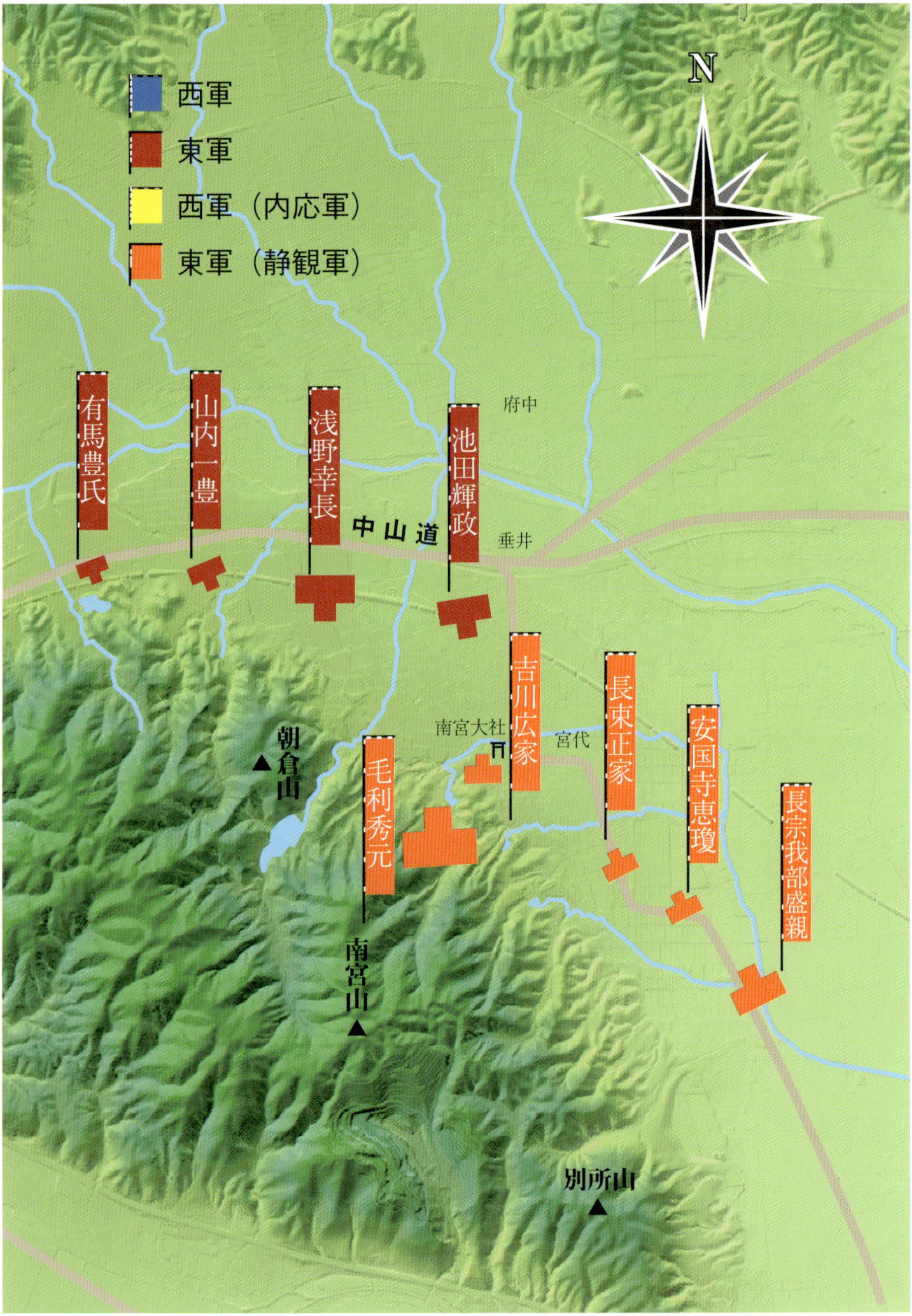
N
西軍
東軍
西軍（内応軍）
東軍（静観軍）
有馬豊氏
山内一豊
浅野幸長
池田輝政
府中
中山道
垂井
吉川広家
長束正家
安国寺恵瓊
長宗我部盛親
毛利秀元
南宮大社
宮代
朝倉山
南宮山
別所山

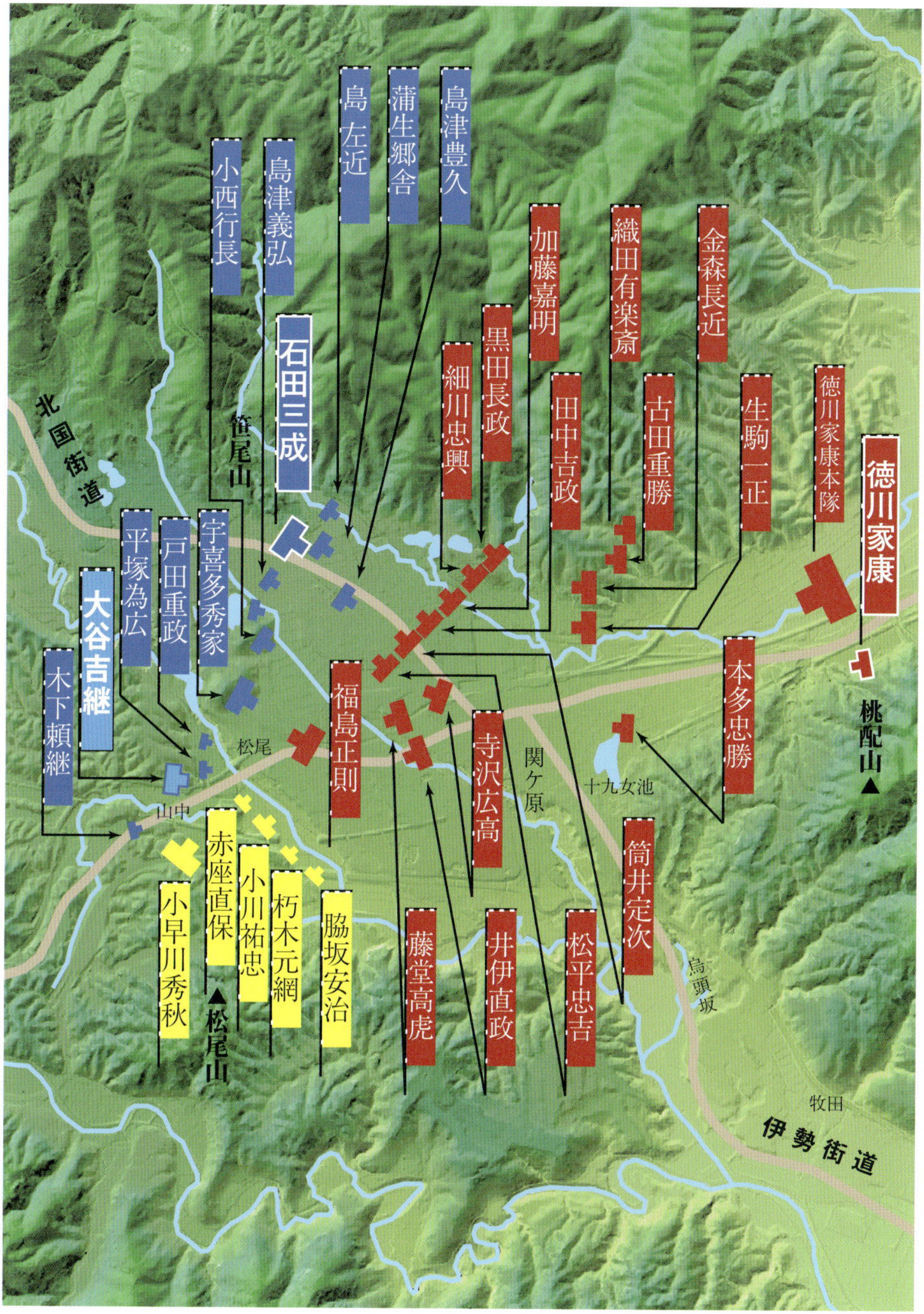

島左近
蒲生郷舎
島津豊久
小西行長
島津義弘
石田三成
笹尾山
加藤嘉明
織田有楽斎
金森長近
黒田長政
細川忠興
田中吉政
古田重勝
生駒一正
徳川家康本隊
徳川家康
北国街道
宇喜多秀家
戸田重政
平塚為広
大谷吉継
木下頼継
福島正則
本多忠勝
桃配山
松尾
関ケ原
十九女池
寺沢広高
山中
赤座直保
小川祐忠
朽木元綱
脇坂安治
小早川秀秋
松尾山
藤堂高虎
井伊直政
松平忠吉
筒井定次
烏頭坂
牧田
伊勢街道

図4　関ケ原合戦布陣図

▶小早川秀秋の陣■岐阜市歴史博物館蔵・関ケ原合戦図屏風

▲関ケ原合戦図屏風■関ケ原町歴史民俗資料館蔵

◀交戦中の大谷隊と東軍寝返り隊（上図の拡大）■関ケ原町歴史民俗資料館蔵

大谷吉継陣所跡■敦賀を出発した吉継は諸将を率いて関ヶ原に参陣し、関ヶ原の西南にあたる藤川台に布陣した。陣中には織田信吉・信次等も同陣したという　岐阜県関ヶ原町

大谷吉継の首塚■吉継の首は甥の祐玄が戦場から持ち出し、近江国米原に埋めたとする伝承があり、伝承に基づく首塚が建てられている　滋賀県米原市
写真提供：米原市教育委員会

大谷吉継の墓■墓は関ヶ原山中に作られ、隣には自害した吉継の首を埋めたとされる湯浅五助の墓もある　岐阜県関ヶ原町

エピローグ——敦賀のみなと、まち、ひと

大谷吉継が敦賀城主になったのは、天正十七（一五八九）年十二月のことである。城主とはいっても、すでに敦賀に切迫した戦争の脅威はない。吉継が秀吉から与えられたミッションは、敦賀津（湊）の機能を高度化し、首都圏（京・大坂）への物流供給基地として機能させることであった。敦賀城の姿はほとんど解明されていないが、城とはいえ、戦争に備えた要塞というより、行政機能を集めた役所と考えたほうが実像に近いようだ。織田信長の越前進攻や天正地震でうけたダメージを払拭していくためにも、みなとの機能強化と、みなとを支える人びとの労働・居住環境の整備は急務であった。

出羽地方で製材され、規格サイズに整えられた、いわゆる「太閤板《たいこういた》」が敦賀経由で首都圏に運ばれ、戦乱や地震で被災・劣化した寺社の修造、聚楽第《じゅらくだい》・大坂城・伏見城などの建設プロジェクトを支えた。また、「太閤板」を運んだ船が出羽へ回漕されるおりには、敦賀で積載した物資が運ばれたであろうから、敦賀は商機あふれるまちに成長した。現在の旧市街地の街筋のほとんどは、鎌倉時代以降の変遷を経て、吉継が城主であった時代までに形成されたものである。

秀吉の朝鮮出兵が開始されると、「太閤板」を運んでいた船も軍用船に姿を変え、

現在の敦賀港■写真提供：福井県土木部港湾空港課

兵員・物資の輸送に従事することになる。ここでも吉継の能力が発揮された。しかし、海運の実際を担うのは商人たちである。

以上

為盆祝儀、」指鯖弐拾到」来、令満足候、」猶五左衛門可申候也、

六月廿八日　刑部（印）

高嶋や傳右衛門

（『小宮山家文書』）

右の書状は、盆棚への供物として定番の「指鯖《さしさば》」（二枚開きにした塩鯖を二枚一組に串刺したもの）が届いたことへの礼状で、家臣の若林《わかばやし》五左衛門《ごさえもん》を遣わし、礼を述べさせている。高嶋《たかしま》屋（小宮山《こみやま》家）は加賀前田家の蔵米《くらまい》差配も担う敦賀の商人である。日常的にこうした関係が構築されていることが、戦時での動員をスムースにする。

猶以、其地にて御養性」儀難成候者、此方へ可有」御上候、醫者儀いかやう共」可申付候、以上、

御折帋令拝見候、」去十月時分より腹中」御煩之由、于今然々共」無之通、無心元存候、」御本腹雖可為必」定候、存命之内ニ、後」住之儀被定置度之由、」承届候、何篇貴僧」御遺言、可為判形」次第候間、其段可御」心安候、無御由断御」養性専用候、恐々謹言、

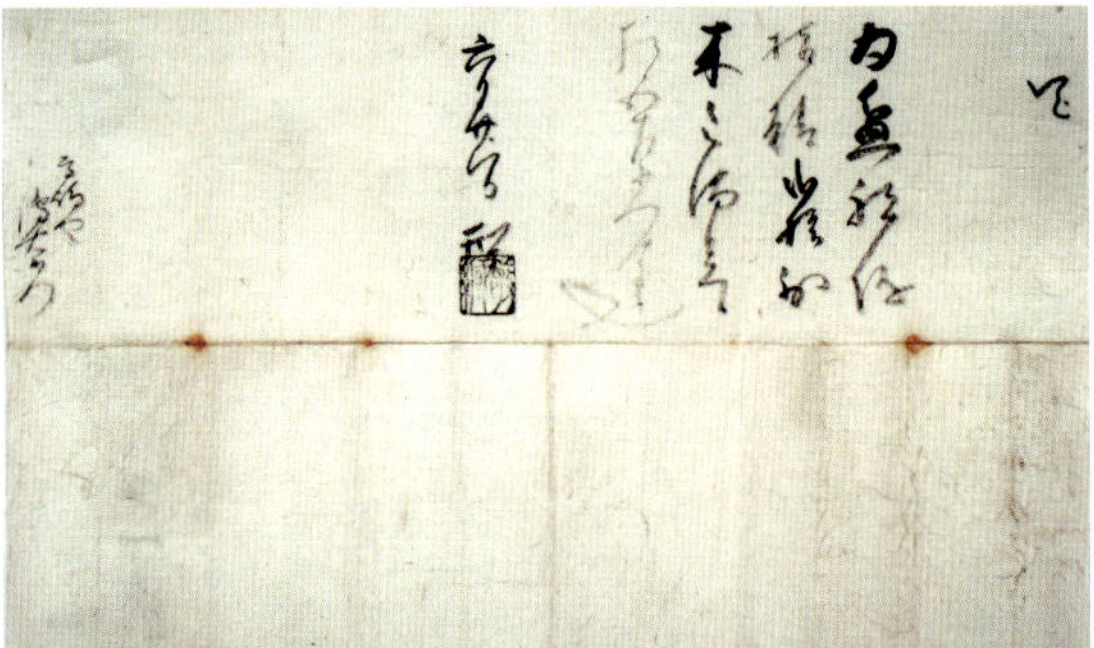

（年未詳）6月28日付け大谷吉継書状　「小宮山家文書」　石川県立歴史博物館蔵

十二月十一日　　　　　　　　　大刑少
　　　　　　　　　　　　　　　　吉継（印）
西福寺
　回鱗

（『西福寺文書』）

（現代語訳）お手紙拝見しました。去る十月頃より腹病に悩まされていて、今も快復の兆しがみえないとのこと、心配です。本復されることを信じていますが、命のあるうちに後継者を決めておきたいとのご意思、承りました。何よりあなたの御遺言が（吉継の）任命状（「判形」）になりますので、その点ご安心ください。くれぐれもご養生に専念してください。なお、その地（敦賀）で養生が困難であれば、こちらへお上りください。医者はどのようにも用意します。

敦賀の名刹西福寺《さいふくじ》住持の病を見舞う書状である。医者の手配まで気遣うところに吉継の個性がある。

古代以来、敦賀はみなとの盛衰に寄り添いながらその歴史を積み重ねてきたが、城下町、政治都市の経験は豊臣時代に限られる。美濃衆として織田信長、豊臣秀吉に仕え、初代敦賀城主となった蜂屋頼隆は歌人・茶人としても一流であった。桃山

来迎寺の山門■同門は敦賀城の中門を移築したものとされる。また同寺には、敦賀城の腰高障子を吉継が寄進したという伝承もある　福井県敦賀市

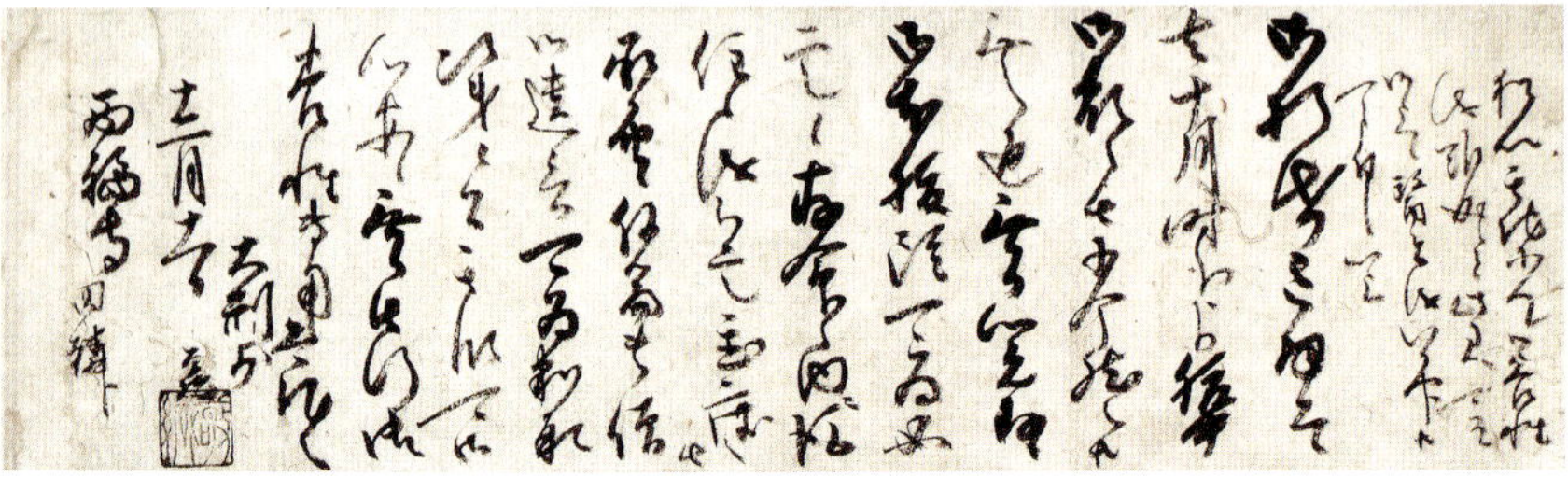

（年未詳）12月11日付け大谷吉継書状■福井県敦賀市・西福寺蔵

文化の香りも届けられていたかもしれない。吉継もまた、文化人としての素養を身につけていたと考えられる。ただ、惜しいことに、本書でも紹介した『厳島図絵』が載せる和歌一首くらいしか、吉継の「作品」を知ることができない。

吉継の実像はなお霧のなかにある。光の当て方によっては幻影ばかりがとらえられる。しかし、それだけにおもしろく、やりがいがある。吉継と所縁深い敦賀の地で吉継研究ができる幸運をかみしめながら、今後も研究を続けることをお約束する。

伝大谷吉継の供養塔■吉継の本拠敦賀にも九輪の層塔の供養塔があり、関ヶ原の九年後に建てられたという。供養塔がある永賞寺は吉継の菩提寺とされる

敦賀城に使用されていたと伝わる瓦■敦賀私立郷土博物館蔵

伝吉継寄進の灯籠■福井県敦賀市・八幡神社

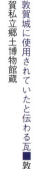

【主要参考文献】
岡本良一『戦国武将25人の手紙』朝日新聞社、一九七〇年
荻原勝「小瀬甫庵『太閤記』を中心とする大谷吉継の軌跡」（『敦賀論叢』二、一九八七年）
花ケ前盛明編『大谷刑部のすべて』新人物往来社、二〇〇一年
染谷光廣『教養講座シリーズ第50集／織田信長・豊臣秀吉』ぎょうせい、一九八六年
外岡慎一郎「大谷吉継年譜と若干の考察」（『敦賀市立博物館紀要』三〇、二〇一六年）
平山優『真田信繁』角川選書、二〇一五年
光成準治『関ヶ原前夜』ＮＨＫブックス、二〇〇九年

【基本資料集】
『慶長年中卜斎記』『関原始末記』（改訂史籍集覧）
『常山紀談』（湯浅常山著）本文編・索引資料編　和泉書院　菊池真一編　一九九二年
『武辺咄聞書』（国枝清軒著）和泉書院　菊池真一編　一九九〇年
『名将言行録』（岡谷繁実著）岩波文庫　一九八八年復刊
国立国会図書館デジタルコレクション
『古今武家盛衰記』国立国会図書館デジタルコレクション
『関原軍記大成』　国立国会図書館デジタルコレクション
『関ヶ原合戦始末記』教育社新書　一九八一年
敦賀市立博物館特別展図録『大谷吉継～人とことば』（二〇一五年）

大谷吉継関連年表

年号 和暦		年号 西暦	大谷吉継の動向	国内情勢
永禄	八	一五六五	生誕。	五月、将軍足利義輝が暗殺される。
	十一	一五六八		九月、織田信長が足利義昭を奉じて上洛。
天正	一	一五七三		八月、越前朝倉氏、近江浅井氏滅亡。
	三	一五七五		この年、羽柴秀吉、筑前守を称し長浜を居城とする。
	六	一五七八	大谷慶松(吉継)、草刈景継あての信長朱印状を携え美作に入るも、毛利の兵に捕えられ朱印状を奪われるという。	七月、毛利氏が上月城に尼子氏を滅ぼす。 十月、荒木村重が信長に背き有岡城に挙兵。
	十	一五八二		六月、本能寺の変。
	十一	一五八三	四月、岐阜城攻略戦にかかり秀吉大垣着陣等を吉村又吉郎に伝える(吉村家文書)。 十二月、近江称名寺の寺領安堵につき秀吉の使者となる(称名寺文書)。	四月、岐阜城攻略戦、賤ケ嶽合戦。 六月、秀吉、大坂を居城とする(築城)。 七月、秀吉、近江国の検地を実施。
	十二	一五八四		四月、小牧・長久手の合戦。
	十三	一五八五	三月、(根来寺合戦)和泉積善寺城攻撃軍に加わる。 七月、従五位下刑部少輔に叙任(源吉継)。 九月、秀吉が有馬湯治。石田三成らと随行(顕如上人貝塚御座所日記)。	三月、紀伊根来寺合戦。 七月、秀吉が関白となり藤原(のち豊臣)に改姓する。 八月、越中佐々攻略。 十一月、天正地震(近畿・北陸・東海地方被災)。
	十四	一五八六	二月、大坂周辺で「千人斬り」出没。吉継が首謀との風聞がたつが、実行犯が捕えられ嫌疑晴れる(顕如上人貝塚御座所日記)。 三月、イエズス会宣教師コエリョ、フロイスらが大坂城を訪問し秀吉と会う。吉継も接待に出仕する(フロイス書簡)。	八月、黒田孝高ら、九州(島津氏)制圧軍として進発。 九月、秀吉、豊臣姓をうける。 十月、徳川家康が大坂で秀吉と会う。

	十五	一五八七	三月、秀吉に従い九州へ進発（二十八日小倉着）。厳島社で和歌会。吉継も詠む（厳島図絵）。 （四月下旬以降に秀吉から蟄居を命じられ、香椎に隠退） 六月、石田三成の配慮で博多興徳寺で神屋宗湛が用意した茶器を観る（神屋宗湛日記）。	三月、秀吉、九州遠征（〜七月大坂帰着）。 九月、佐々成政の検地に反抗し肥後国衆一揆おこる。 十二月、秀吉、惣無事令を発する。
	十六	一五八八	四月、後陽成天皇の聚楽第行幸に参列（狩野探幽・聚楽第行幸図屏風縮模）。 六月、肥後国衆一揆攻略軍に秀吉の指示伝達。 八月、毛利輝元、吉継邸で装束を整え聚楽第に向かう。	四月、後陽成天皇が聚楽第に行幸。 閏六月、肥後国衆一揆鎮圧。佐々成政切腹。 七月、刀狩令。海賊禁止令。毛利輝元上洛。
	十七	一五八九	この年、堺奉行となる（在任一年、手鑑・堺市史）。 十一月、秀吉使者として北条氏直の舅徳川家康を駿府に訪ねるという（落穂集）。 冬、この年没した蜂屋頼隆のあとをうけ敦賀城主となる。	十一月、秀吉、小田原北条氏に宣戦布告。遠征準備。
	十八	一五九〇	三月、秀吉に従い小田原へ出陣。 五月、石田三成らと上野館林城攻略。 七月、石田三成らと武蔵忍城攻略。 八月、出羽地域の検地実施のため大森城に入る。 十月、検地に抵抗する仙北・由利・庄内で一揆蜂起。	三月、秀吉、小田原出陣（七月、北条氏降伏、九月帰京）。 七月、徳川家康、小田原から江戸城に入る。 秀吉、小田原から奥州に移り、「奥州仕置」開始（九月帰京）。
	十九	一五九一	六月、九戸一揆蜂起。吉継ら出陣（九月鎮定）。 九月、奥州より帰京。	六月、「天正遣欧使節」帰国（一五八二年出国）。 九月、秀吉、朝鮮派兵を諸大名に命じる。 十二月、秀吉、関白職を秀次に譲る。
	二十	一五九二	二月、石田三成らと名護屋に向け京都を発つ（六月渡海）。 （三成、増田長盛とともに奉行として作戦指揮）	一月、朝鮮派遣軍の部署割決定。 三月、秀吉、名護屋に向け発つ（八月帰還、十月再出陣）。 （四月〜七月、十一月〜翌年八月名護屋在陣）。 五月、小西行長らが朝鮮国首都漢城を陥落させる。 八月、平壌を制した小西と明使沈惟敬の間で休戦協定。
文禄	一		十二月、明の李如松軍が朝鮮国に入る。	
	二	一五九三	一月、漢城に日本軍集結。碧蹄館で李如松軍を破る。 二月、幸州山城の合戦（城を放棄し朝鮮軍撤退）。 三月、漢城の食糧庫を明軍に焼かれる（講和開始）。	一月、李如松軍が平壌を攻略。小西ら撤退。 六月、秀吉、名護屋で明使らと会い、講和条件を示す。

	三	一五九四	五月、小西、石田らとともに明使（偽使）を伴い帰国。 九月、太宰府天満宮に「鶴亀文懸鏡」を奉納。 十月、直江兼続あて書状で、草津湯治を続けることを伝え、眼を煩い花押が据えられないことを詫びる（吉川金蔵氏所蔵文書）。	二月、秀吉、秀次らと吉野の花見。 十二月、小西行長の使者内藤如安、明皇帝に謁見。
	四	一五九五		七月、豊臣秀次、高野山に追われ、ついで切腹。 九月、秀吉、方広寺で千僧供養を挙行（以後恒例化）。
	五	一五九六		閏七月、近畿地方大地震（慶長伏見地震）。伏見城・方広寺大仏等倒壊。 九月、秀吉、大坂城で明使と会い、表文の無礼に激怒し朝鮮への再派兵を決定。 十一月、秀吉、キリシタン二十六名を長崎で処刑（二十六聖人殉教）。
慶長	一			
	二	一五九七	七月、伏見で島津義弘書状を受け取る。 九月、秀吉・家康らが伏見の吉継邸を訪問（鹿苑日録）。 この年、秀吉の命により敦賀常宮神社に朝鮮鐘を寄進するという。	七月、秀吉、善光寺如来を方広寺に移座。 八月、足利義昭没。 十二月、蔚山城攻防戦開始（～翌三年一月）。
	三	一五九八	六月、敦賀郡検地（～七月）。 七月、秀吉遺物下賜。吉継は「国行」、「大覚」（大学助）は「鐘きり」（ともに刀）を賜るという（甫庵太閤記）。 十二月、北野社松梅院禅昌、吉継を見舞い、大酒（北野社家日記）。	一月、秀吉、上杉景勝を越後より会津に移封。 三月、秀吉、醍醐に花見。 八月、秀吉死去。朝鮮より撤兵。
	四	一五九九	一月、家康暗殺謀議あり（石田三成首謀という）。吉継は家康に「荷担」し未遂におわる（当代記）。 （この間、日向庄内の乱に家康と連携して仲裁に入る） 九月、前田利長による家康暗殺謀議発覚。大谷大学助が越前に出陣（薩藩旧記雑録後編）。 この年秋頃、宇喜多騒動おこり、吉継と榊原康政が仲介を画策するも、ならず（翌五年一月、家康の仲介により一旦収束）。	三月、島津忠恒が家臣伊集院忠棟を殺害（日向庄内の乱に展開。～翌五年三月） 閏三月、前田利家没。黒田長政・福島正則ら七将、石田三成暗殺を図るも、家康仲介により断念。三成は佐和山に蟄居。 七月、家康と「大坂奉行衆」が和解（黒田家文書）。 八月、上杉景勝が神指城を築き始める。 一〇月、浅野長吉蟄居。

	五	一六〇〇	7月、上杉征討軍に加わるため美濃垂井に進軍。石田三成と佐和山に会し、家康打倒の挙兵に合意。前田利長軍の南下を知り、越前に移動（八月、利長軍を撤退させる）。 八月、大聖寺まで進軍し、ついで兵をまとめ美濃へ向かう。 九月、関ヶ原合戦（戦死）	四月、家康および相国寺西笑承兌、直江兼続に書状を送り上杉景勝の上洛を促す。兼続の返書（直江状）に家康激怒。 六月、家康、上杉征討のため伏見を発つ。 七月、伏見城攻防戦始まる（八月、落城。鳥居元忠ら戦死）。丹後田辺城攻防戦始まる（九月開城）。家康、下野小山で軍議（小山評定）。 八月、信濃上田城で真田昌幸・信繁が徳川秀忠と合戦。石田三成、大垣城に入る。岐阜城（西軍・織田秀信）陥落。黒田長政・福島正則ら東軍の先鋒が美濃赤坂に布陣。 九月、関ヶ原合戦。

刊行にあたって

著名であるにもかかわらず、手頃な概説書がない人物や城郭、事件・合戦は多く存在します。また、本格的な分量ではなくもっと手軽に読め、かつ要点は押さえられている概説書が欲しい、という声もよく聞いてきました。

今回、刊行が開始される戎光祥出版の「シリーズ・実像に迫る」は、そうした要望に応え、これまで書籍として刊行されていなかった人物や城郭などを積極的にとりあげていく企画です。内容は、最前線で活躍する歴史研究者に、最新の研究成果を踏まえつつ、平易に叙述してもらうことにしています。

また、読者の理解を助けるために、写真や史料を多数収録しているので、内容が充実しているだけでなく、読みやすく仕上がっています。歴史ファンだけでなく、研究者にもお薦めのシリーズであることは間違いありません。

シリーズ総監修　黒田基樹

【著者略歴】

外岡慎一郎（とのおか・しんいちろう）

1954年、神奈川県生まれ。

中央大学大学院文学研究科（国史学）博士課程修了。

敦賀短期大学専任教員を経て、現在、敦賀市立博物館長。

主な業績に、『武家権力と使節遵行』（単著、同成社、2015年）、『街道の日本史31・近江若狭と湖の道』（分担執筆、吉川弘文館、2003年）、「天正地震と越前・若狭」（『敦賀論叢』26、2012年）、「大谷吉継年譜と若干の考察」（『敦賀市立博物館紀要』30、2016年）などがある。

シリーズ・実像に迫る 002
大谷吉継《おおたによしつぐ》

2016年10月1日初版初刷発行

著　者　外岡慎一郎
発行者　伊藤光祥
発行所　戎光祥出版株式会社
〒102-0083 東京都千代田区麹町1-7 相互半蔵門ビル8F
TEL：03-5275-3361（代表）　FAX：03-5275-3365
http://www.ebisukosyo.co.jp
編集協力　株式会社イズシエ・コーポレーション
印刷・製本　株式会社シナノパブリッシングプレス
装　丁　堀　立明

ISBN：978-4-86403-218-6